金融時事用語集

2021年版（第32版）

金融ジャーナル社

刊行にあたって

　金融を巡る環境は急激に変化しており、目が離せません。とりわけ、2020年は新型コロナウイルスの感染拡大、新たな生活様式・働き方への対応、デジタル化の進展で新用語が次々と誕生しました。それらを理解する一助として、「2021年版金融時事用語集」では約200項目の用語を厳選し、大学や研究機関の専門家にご協力頂き、時事的に解説しました。

　本書は1990年版の創刊以来32版目となりますが、今年も新規項目の入れ替えと既存項目の見直しを図りました。最新の金融時事用語に加え、冒頭の「2021年のトピックス10」では「コロナ禍と財政・金融支援」「新生活様式での業務運営・働き方」「銀行間送金手数料の見直し」「地域銀行のオープンアライアンス」などをテーマに解説しています。2021年の金融・経済を理解するためのお役に立てればと思います。

　旧版の内容を見直した結果、削除・統合した項目もありますので、巻末の「整理・削除項目」をご参照頂き、過年度版もあわせてご利用頂ければ幸いです。

2020年12月

金融ジャーナル社

●執筆陣

本書は、下記の機関で活躍されている皆様のご協力を頂き、編集部の責任でまとめました。

アビームコンサルティング、エヌエヌ生命、青山財産ネットワークス、㈱日本総合研究所、金融経営研究所、金融ビジネスアンドテクノロジー、新日本有限責任監査法人、センスクリエイト総合研究所、全国銀行協会、太陽有限責任監査法人、大和総研、ちばぎん総合研究所、ニッセイ基礎研究所、日本金融監査協会、日本政策投資銀行、ネクスキャット、野村総合研究所、ピジョン、マリブジャパン、三菱総合研究所、三菱UFJリサーチ＆コンサルティング、モルガン・スタンレーMUFG証券、有限責任あずさ監査法人、ワーク・ライフバランス、A.T.カーニー、BRAVEYELL、EYストラテジー・アンド・コンサルティング、Fintech協会、NTTデータ経営研究所、PwCアドバイザリー合同会社、PwC Strategy&、Ridgelinez

大学教授（所属）

遠藤正之（静岡大学）、大槻奈那（名古屋商科大学）、栗原裕（愛知大学）、小早川周司（明治大学）、小谷野俊夫（静岡県立大学）、寺林暁良（北星学園大学）、中村英敏（中央大学）、中野瑞彦（桃山学院大学）、永野護（成蹊大学）、西山巨章（九州共立大学）、原田喜美枝（中央大学）、播磨谷浩三（立命館大学）、平田英明（法政大学）、堀江康熙（関西外国語大学）、益田安良（東洋大学）、三村聡（岡山大学）、森保洋（長崎大学）、家森信善（神戸大学）

（敬称略）

CONTENTS

2021年版新規項目　22

2021年のトピックス10　23

コロナ禍と財政・金融支援　24
新生活様式での業務運営・働き方　26
銀行間送金手数料の見直し　28
銀行のDX　30
地域銀行のオープンアライアンス　32
金融庁、氷見野新長官の金融行政　34
中央銀行デジタル通貨（CBDC）の行方　36
キャッシュレス決済と安全性　38
脱ハンコ、書面、押印手続き見直し　40
東京オリンピックの行方　42

I ICT・フィンテック　45

UI・UX　46
スーパーアプリ　47
GAFA・プラットフォーム企業　48
スマホ・モバイル決済　50
ペイロール　51
暗号資産・リブラ　52
クラウド活用　54
オープンイノベーション　56

アジャイル開発　57
eKYC　58
BaaS　59
MaaS　60
スーパーシティ　61
情報銀行　62
ビッグデータ　64
オンラインレンディング　65
AIスコアレンディング　66
IoT　67
データサイエンティスト　68
ロボアドバイザー　69
チャットボット　70
国際送金の進化　71
ネオバンク・チャレンジャーバンク　72
サイバーセキュリティー　73
金融ISAC・CSIRT　74
TLPT　75
ITガバナンス　76
CDO（最高デジタル責任者）　77
RPA　78
ユニコーン・デカコーン　79
全銀EDI　80
ギグエコノミー　82
NPS　83

Ⅱ 業務、サービス・商品 85

事業性評価	86
目利き力	88
デジタル通帳	90
口座維持手数料	92
地域商社	94
プロ人材の紹介	95
エコシステムの構築	96
地域通貨	97
サブスクリプション	98
サプライチェーンファイナンス	99
企業再生ファンド	100
プライベートエクイティー	101
経営者保証	102
M&A	103
事業承継	104
PMI	106
法人の終活と金融機関による支援	107
セーフティネット保証	108
資本性劣後ローン	109
知財金融	110
ABL（動産・債権担保融資）	111
リバースモーゲージ	112
クロスボーダーローン	113
ノンリコースローン	114
ニンジャローン	115
震災時元本免除特約付き融資	116
ウェルスマネジメント	117

プライベートバンキング	118
フィデューシャリー・デューティー	119
資産運用の高度化	120
IFA（独立系金融アドバイザー）	121
ワンコイン投資	122
NISA（少額投資非課税制度）	123
iDeCo（個人型確定拠出年金）	124
少額短期保険	125
外貨建て保険資格制度	126
コモディティ投資	127
銀証連携	128
ラップ口座	130
マイナポイント事業	131

Ⅲ 経営、市場 133

次世代型店舗	134
軽量店舗	136
店舗の外部賃貸	137
営業時間の弾力化	138
BPR	139
ATM連携・共同化	140
銀行業高度化等会社	142
地方創生	143
地域人材支援戦略パッケージ	144
統合特例法	145
金融機能強化法	146
中間持ち株会社	147
コーポレートガバナンス・コード	148
日本版スチュワードシップ・コード	150

監査等委員会設置会社　151
CSV（共通価値の創造）　152
GABV・JPBV　153
貸倒引当金と将来予測　154
コンダクトリスク　155
RAF（リスクアペタイト・フレームワーク）156
内部監査　158
ストレステスト　159
休眠預金　160
老朽化マンション対応問題　161
所有者不明土地問題　162
オプトアウトと情報共有　163
FATF・マネロン対策　164
犯罪収益移転防止法　165
暴力団排除条項　166
超低金利環境と副作用　167
LIBOR 廃止の影響　168
香港、一国二制度 崩壊危機　169
米中貿易対立激化　170

Ⅳ サステナビリティ・環境　173

人生100年時代の資産管理　174
改正相続法　176
生前贈与　178
金融ジェロントロジー　179
家族信託　180
認知症対応　182
成年後見制度　183
後見支援預金　184

婚活支援　185
TCFD（気候関連財務情報開示タスクフォース）186
グリーンスワンと金融危機　188
サステナブルファイナンス　189
SDGs（持続可能な開発目標）　190
ESG投資　192
環境格付け融資　193
グリーンボンド　194
CSR　195

Ⅴ 働き方、雇用　197

働き方改革　198
テレワーク　200
スプリットオペレーション　201
オンライン研修・採用　202
ジョブ型人事制度　203
脱ノルマ　204
プロセス評価　206
ハラスメントの防止　207
ダイバーシティ・インクルージョン　208
副業・兼業　209
銀行の服装自由化　210
最低賃金　211
70歳雇用の努力義務　212
アルムナイ（離職・退職者）活用　213

Ⅵ 金融行政・政策　215

預金保険料の可変保険料率　216

ちいきん会、地域生産性向上支援チーム	218
オン・オフ一体型モニタリング	219
金融仲介機能のベンチマーク	220
イールドカーブ・コントロール	221
長期化する異次元緩和	222
MMT（現代貨幣理論）	224
年金財政検証	225
経営デザインシート	226
サブリース業規制	227
リース会計基準	228
業務改善命令	229
早期警戒制度	230
中小企業等経営強化法	231
証券取引所再編	232
東京国際金融都市構想	234
金融リテラシー	235
金融包摂	236
日本型金融排除	237

Ⅶ 基礎用語　239

金融庁	240
日本銀行	241
財務省	242
FRB（米国連邦準備制度理事会）	243
ECB（欧州中央銀行）	244
バーゼル銀行監督委員会	245
バーゼル3	246
G20（主要20カ国・地域）	248
FSB（金融安定理事会）	249

G-SIFIs	250
TLAC（総損失吸収能力）	251
総合取引所	252
証券取引等監視委員会	253
インサイダー取引	254
金融審議会	255
成長戦略会議	256
政策金融機関	257
地域経済活性化支援機構	258
よろず支援拠点	259
事業引継ぎ支援センター	260
経営革新等支援機関	261
中小企業再生支援協議会	262
銀行法改正	263
金融商品取引法	264
FATCA（外国口座税務コンプライアンス法）	265
デリバティブ	266
CDS	268
ALM	269
プライムレート	270
PFI	271

Ⅷ　特別資料　273

業態別金融機関計数	274
全国銀行主要計数	276
全国信用金庫主要計数	278
地域銀行の持ち株会社	282
金融界10大ニュース	284
整理・削除項目	286

●キーワード索引

〈凡例〉

①索引配列は、五十音順、アルファベット順。

②索引の→印は、同義語もしくは関連項目、参照項目を示す。

③用語解説本文中の**ゴシック文字**は、他ページに解説、関連項目が
あるもの。

あ行

アジャイル開発　　　　　　　　57
アップル→Apple　　　　48,49,62
アマゾン→Amazon　　　48,54,62
アライアンス　　　　　　　　32
アリペイ→Alipay　　　　　　49
アルムナイ（離職者・退職者）活用
　　　　　　　　　　　　　213
暗号資産　　36,37,49,**52**,249,253
eKYC　　　　　　　**58**,65,165
イールドカーブ・コントロール　221
異業種（連携、参入）
　　　27,32,56,96,125,210
異次元緩和→長期化する異次元緩和
　　　　　　　　　　167,**222**

イデコ→iDeCo（個人型確定拠出年金）
　　　　　　　123,**124**,174
インサイダー取引　　253,**254**,264
インフレ　　127,154,222,224
ウェルスマネジメント　　　117
営業時間の弾力化（短縮）　135,138
エコシステムの構築　　　　96
MMT（現代貨幣理論）　　224
AI（人工知能）
　49,64,65,66,68,70,89,139,198,199
ATM（連携・共同化）
　　28,83,90,136,**140**,141,182
オープンアライアンス　　　32
オープンイノベーション　　56
オープンAPI（開放、公開）　59,263
欧州中央銀行→ECB　　　244
オプトアウト（情報共有）　163
オペレーショナルリスク　155,247
オリンピック（東京オリンピックの行
方）　　　　　26,**42**,234

オンライン研修・採用　179,202
オンラインレンディング　65
オン・オフ一体型モニタリング　219

 か行

GAFA・プラットフォーム企業　48
海外送金→国際送金の進化　71,165
外貨建て保険資格制度　126
外国口座税務コンプライアンス法
→FATCA　265
会社法　151
改正相続法　176
家計簿サービス　59
貸倒引当金（将来予測）　154,204
仮想通貨→暗号資産
36,37,49,52,73,249,253
家族信託　180
環境格付け融資　189,193
監査等委員会設置会社　151
官民ファンド　100
企業再生ファンド　100
ギグエコノミー　82
気候関連財務情報開示タスクフォース
（TCFD）　186
気候変動　186,187,188,189,190,192
キャッシュレス（決済）
28,29,38,50,51,58,61,97,131,140,141
QRコード　29,49,50,97
休眠預金　160

共通価値の創造→CSV　152,195
業務改善命令　229,230
業務提携（アライアンス）　32,185,213
銀行業高度化等会社　142
銀行法改正　59,94,138,142,263
銀証連携　128
金融ISAC　74
金融安定理事会→FSB
34,156,186,249,250,251
金融機能強化法　146
金融行政方針
34,120,149,152,217,236,237,240
金融検査マニュアル　88,111,154,237
金融広報中央委員会　235
金融ジェロントロジー　179
金融商品取引法　252,254,264
金融審議会　80,126,148,175,179,225,255
金融仲介機能のベンチマーク　87,220
金融庁　240
金融包摂　53,236
金融モニタリング（オン・オフ一体型
モニタリング）　86,145,219,240
金融リテラシー　35,121,179,235
グーグル→Google　48
クラウド（活用、サービス）
48,54,59,60,82
グリーンスワンと金融危機　188
グリーンボンド　189,191,194
クレジットカード　38,39,50,72,74,147
クレジット・デフォルト・スワップ
→CDS　267,268
クロスボーダーローン　113,231

黒田東彦　222

経営革新等支援機関　**261**

経営者保証　**102**,104,105,258

経営デザインシート　**226**

軽量（型）店舗　134,135,**136**

現代貨幣理論→MMT　**224**

コーポレートガバナンス・コード

　　　　　76,**148**,151,192

後見支援預金　**184**

口座維持手数料　**92**

顧客本位の業務運営　119,120,175

国際送金の進化（海外送金）　**71**,165

個人型確定拠出年金→iDeCo

　　　　　123,**124**,174

コモディティ投資　**127**

コロナ禍と財政・金融支援　**24**

婚活支援　**185**

コンダクトリスク　**155**

コンプライアンス　126,155,204,205,265

最高デジタル責任者（CDO）　**77**

最低賃金　**211**

サイバーセキュリティー　43,64,**73**,74,75

財務省　**242**

指し値オペ　221

サステナブルファイナンス　**189**

サブスクリプション　**98**

サブリース　**227**

サプライチェーンファイナンス　**99**

シェアリングエコノミー　82,98

事業承継　88,96,103,**104**,107,118,129

　　　　　180,185,220,259,260

事業性評価　86,87,144,206,220,237,258

事業引継ぎ支援センター　**260**

自己査定　111

自己資本比率規制　188,246

資産運用の高度化　**120**

システミックリスク　250

次世代型店舗　**134**,199

持続可能な開発目標→SDGs

　　　　　189,**190**,192,194

資本性劣後ローン　**109**

社会的責任投資　192

ジュニアNISA　123

少額短期保険　**125**

少額投資非課税制度→NISA

　　　　　122,**123**,174

証券取引等監視委員会　240,**253**

証拠金　127,266

商事信託　180,181

所有者不明土地問題　**162**,177

上場投資信託→ETF

　　　　　25,122,123,127,222,223

情報銀行　**62**,263

ジョブ型人事制度　**203**

新型コロナウイルス（→コロナ禍と財
政・金融支援）　24

人工知能（AI）

　　　　　49,64,65,66,68,70,89,139,198,199

震災時元本免除特約付き融資　**116**

新生活様式での業務運営・働き方　26

人材紹介事業（→プロ人材の紹介）

　　　　　　　　　　　　82,**95**,144

人生100年時代（人生100年時代の資

産管理）　　　　　　120,**174**,212

信用保証　　　104,105,108,231

信用リスク　25,88,246,247,268,269

スーパーアプリ　　　　　　　**47**

スーパーシティ　　　　　　　**61**

スイフト→SWIFT（gpi）　36,71

ステーブルコイン　36,37,49,52,53

ストレステスト　157,**159**,188

スプリットオペレーション　　**201**

スマートフォン　31,47,48,50,53,59,64,72

　　　90,97,122,131,134,210

スマートフォン決済→スマホ・モバイ

ル決済　　　　　　　　　　**50**

スワップ取引　　　　　　267,269

セーフティネット保証　　　**108**

政策金融機関　　231,242,**257**

政策保有株式　　　　　101,149

生産性向上　30,31,64,86,89,95,134,152

　198,199,200,206,218,231,256

生前贈与　　　　　　　175,**178**

成長戦略会議　　　　　　　**256**

成年後見制度　　　180,**183**,184

全銀EDI　　　　　　　　　**80**

全銀システム　　　　　　　　28

全国銀行協会　　81,141,166,191

早期警戒制度　　　　　229,**230**

送金手数料（銀行間送金手数料の見直

し）　　　　　　　　　28,53

総合取引所　　　　　　　**252**

相続（**改正相続法、相続対策**）

　105,112,118,135,161,162,**176**,178

　　　　　　　　　　　　180,227

総損失吸収能力→TLAC　250,**251**

た行

ダイバーシティ・インクルージョン

　　　　　　　　　　　　198,**208**

脱ノルマ　　　　　　　　　**204**

脱ハンコ、書面、押印手続き見直し　40

地域経済活性化支援機構（REVIC）

　　　　　　　　　　　　100,**258**

地域商社　　　33,**94**,142,263

地域人材支援戦略パッケージ　95,144

地域通貨　　　　　　　　　**97**

**ちいきん会、地域生産性向上支援チー

ム**　　　　　　　　　　　**218**

知財金融（知的財産）　　110,226

地方創生

　96,137,142,**143**,144,206,218,255,263

チャットボット　　　　　　**70**

**チャレンジャーバンク→ネオバンク・

チャレンジャーバンク**　　　**72**

中央銀行のデジタル通貨（CBDC）　36

中間持ち株会社　　　　　　**147**

中小企業基盤整備機構　104,259,260,261

中小企業再生支援協議会　　**262**

中小企業等経営強化法　　　**231**

超低金利環境　　　　　　　**167**,251
つみたてNISA　　　　　　　123,174
データサイエンティスト　　　**64**,**68**
デジタル化　30,31,40,64,68,72,73,89,134
　　　　　　139,140,142,198,199,236
デジタル通貨　　　　　　　　36,51
デジタル通帳　　　　　　　　**90**
デジタルトランスフォーメーション
（DX）　　　**30**,40,76,77,89,139
デビットカード　　　　　　　39
デリバティブ　168,246,253,264,**266**,268
テレワーク　　　26,27,82,198,**200**
電子記録債権　　　　　　　　99
電子マネー　　　　　　　　　38,39,50
店舗の減損処理　　　　　　　135
店舗の外部賃貸　　　　　　　**137**
同一労働・同一賃金　　　　　198
東京オリンピック（パラリンピック）
　　　　　　　　　　　26,**42**,234
東京国際金融都市構想　　　　**234**
統合特例法　　　　　　　　　32,145
倒産（企業倒産）　34,107,108,109
動産・債権担保→ABL　　　**111**
投資一任契約・サービス　130,175,182
独占禁止法　　　　　　　　　145
独立系金融アドバイザー→IFA　**121**
独立社外取締役→社外取締役　149,151

な行

内部監査　　　　　　　　　　**158**
内部統制　　　　　　　151,158,266
長生きリスク　　　　　112,174,175
少額投資非課税制度→NISA
　　　　　　　　　　122,**123**,174
日本型金融排除　　　　　236,**237**
日本銀行　　　　　　　　　　**241**
日本再興戦略　　　　　　86,148,150
日本証券クリアリング機構　　268
日本版スチュワードシップ・コード
　　　　　　　　　　149,**150**,192
ニンジャローン　　　　　　　**115**
認知症対応（認知症）　179,180,**182**,183
ネオバンク・チャレンジャーバンク　72
ネットプロモータースコア→NPS　83
年金財政検証　　　　　　　　**225**
ノンリコースローン　　　　　**114**

は行

BaaS　　　　　　　　　　　31,**59**
バーゼル3　　　　　　　　　245,**246**
バーゼル銀行監督委員会　　　**245**,249
働き方改革　139,149,**198**,206,213
ハラスメント防止　　　　　　**207**

犯罪収益移転防止法   58,65,**165**

BPMI   **106**

ビッグデータ   49,61,**64**,68

ビットコイン   36,52,53

氷見野良三   **34**

FATCA→外国口座税務コンプライア
ンス法   **265**

フィデューシャリー・デューティー
   119,120

フィンテック
   51,59,76,99,142,204,210,236,256,263

フェースブック→Facebook 48,52,53,62

フォワードガイダンス   223

副業・兼業   26,27,144,198,**209**

服装自由化   **210**

不正   38,39,50,71,73,74,92,148,163,168
   192,195,204,206,266

不動産投資信託→REIT   25,123

プライベートエクイティー   **101**

プライベートバンキング   117,118

プライムレート   **270**

プラットフォーマー(プラットフォー
ム企業)   **48**,62,66

プリペイドカード   39,51

プロ人材の紹介(人材紹介事業)
   82,**95**,144

プロセス評価   205,**206**

ブロックチェーン   52,53

米中貿易対立激化   **170**

ペイロール   **51**

法人の終活   **107**

暴力団排除条項   **166**

ボルカー・ルール   101

香港一国二制度   **169**

MaaS   **60**

マイナス金利   136,160,204,210,222,223

マイナポイント事業   **131**

マネーロンダリング→FATF・マネロ
ン対策   **164**,165

マネタリーベース   222

ミニ保険   125

民事信託   180,181,183

民法(改正)   102,162,176,178

目利き力   **88**

モノのインターネット→IoT   64,**67**

モバイル決済→スマホ・モバイル決済
   49,**50**

ユーロシステム   244

遺言(書、信託)   105,176,177,180,181

ユニコーン・デカコーン   **79**

預金保険制度(可変保険料率) 51,**216**

よろず支援拠点   **259**

ら行

ライボー→LIBOR廃止の影響　168
ライン→LINE　47,70,122
ラップ口座　130
リース会計基準　228
リート→REIT　25,123
リーマン・ショック　24,25,99,117,146
148,150,153,159,188,248,250
リスクアペタイト・フレームワーク
(RAF)　156
リバーサルレート　167
リバースモーゲージ　112,175
リブラ　36,37,49,52
流動性カバレッジ比率→LCR　245,246
量的・質的金融緩和　221,222
レバレッジ比率　245,246,247
ローカルベンチマーク　87
老朽化マンション対応問題　161
老後資金2,000万円 問題　174
ロボアドバイザー　69,130

わ行

ワンコイン投資　122

ABL（動産・債権担保融資）　11
AI（人工知能）
49,64,65,66,68,70,89,139,198,19
AIスコアレンディング　6
Alipay（アリペイ）　4
ALM　26
Amazon（AWS）　48,54,6
Apple　48,49,6
BaaS　31,5
BATH　4
BPR　139,19
CBDC（中央銀行のデジタル通貨）　3
CDO（最高デジタル責任者）　7
CDS　267,26
CRS　11
CSIRT　7
CSR　19
CSV（共通価値の創造）　152,19
CVA　24
ECB（欧州中央銀行）　24
EDI　80,81,9
eKYC　58,65,16
ESG（ESG投資）
150,191,192,193,194,20
ETF（上場投資信託）
25,122,123,127,222,22
Facebook　48,52,53,6

FATCA→外国口座税務コンプライアンス法　265

FATF・マネロン対策　164

FOMC　243

FRB（米連邦準備制度理事会）159,243

FSB（金融安定理事会）
34,156,186,249,250,251

G20　37,120,148,186,236,248,249,250

G-SIFIs　250

GABV・JPBV　153

GAFA・プラットフォーム企業　48

Google　48

GPIF（年金積立金管理運用独立行政法人）　192

ICT　60,64,99,205

iDeCo（個人型確定拠出年金）
123,124,174

IFA（独立系金融アドバイザー）　121

IFRS（国際財務報告基準）　154

IoT（モノのインターネット）　64,67

ITガバナンス　76

LCR（流動性カバレッジ比率）245,246

LIBOR廃止の影響　168

LINE　47,70,122

M&A 88,103,104,105,106,107,128,129,260

MaaS　60

MBO　100,101

MMT（現代貨幣理論）　224

NISA（少額投資非課税制度）
122,123,174

NPS（ネットプロモータースコア） 83

PFI　271

PMI　106

P2P　48

QRコード　29,49,50,97

RAF→リスクアペタイト・フレームワーク　156

REIT（不動産投資信託）　25,123

RPA　78,198,199

SaaS　54

SDGs（持続可能な開発目標）
189,190,192,194

SWIFT（gpi）　36,71

TCFD　186

TLAC（総損失吸収能力）　250,251

UI・UX　46

VaR　159

XML　80,81

ZEDI→全銀EDI　80

70歳雇用の努力義務　212

2021年版の新規掲載項目

　本号では毎年、項目を洗い替えて、タイムリーな用語の掲載に努めています。2021年版の主な新規項目は下記の通りです。

【ICT・フィンテック】
UI・UX
スーパーアプリ
ペイロール
暗号資産・リブラ
クラウド活用
アジャイル開発
eKYC
BaaS
MaaS
オンラインレンディング
TLPT
CDO（最高デジタル責任者）
ユニコーン・デカコーン

【業務、サービス・商品】
目利き力
デジタル通帳
口座維持手数料
プロ人材の紹介
エコシステムの構築
サブスクリプション
サプライチェーンファイナンス
PMI
法人の終活と金融機関による支援
ウェルスマネジメント
マイナポイント事業

【経営、市場】
軽量店舗

店舗の外部賃貸
ATM連携・共同化
銀行業高度化等会社
貸倒引当金と将来予測
所有者不明土地問題
オプトアウトと情報共有
香港、一国二制度 崩壊危機

【サステナビリティ・環境】
人生100年時代の資産管理
婚活支援
TCFD
グリーンスワンと金融危機
サステナブルファイナンス

【働き方、雇用】
テレワーク
スプリットオペレーション
オンライン研修・採用
ジョブ型人事制度
銀行の服装自由化

【金融行政・政策】
預金保険制度の可変保険料率
ちいきん会、地域生産性向上支援チーム
オン・オフ一体型モニタリング
年金財政検証
経営デザインシート
リース会計基準

2021年のトピックス10

新型コロナウイルス感染拡大の影響が世界的に及んだ。日本でも大規模な財政・金融支援が行われた。（写真は麻生太郎・財務相（左）と黒田東彦・日本銀行総裁）

地域銀行の統合、連携が一段と拡大した（写真は2020年10月1日に発足した十八親和銀行の合併セレモニー）

コロナ禍と財政・金融支援

新型コロナウイルスの感染拡大を受けて、政府・日本銀行は財政・金融の両面から様々な措置を積極的に講じている。その特徴は、円滑な企業金融を確保すると共に、金融市場の安定性を維持することである。

新型コロナウイルスの感染拡大をきっかけとして、政府と**日本銀行**は互いに連携し財政・金融支援を一体となって取り組んでいる。こうした対応については、2020年5月に公表された副総理兼財務大臣・日本銀行総裁の共同談話に取りまとめられている。

1.財政支援

財政支援の面では、第一次、第二次補正予算を合わせて事業規模230兆円を超える緊急経済対策が講じられている。これは対GDP比でみると約4割に達する経済対策であり、リーマン・ショック時を大きく上回るものである。各種の支援措置についてやや詳しくみると、個人に対しては、全ての国民を対象にした特別定額給付金のほか、子育て・ひとり親世帯を対象とした給付金や休業に伴う支援・給付金などが整備されている。この間、収入減に伴う緊急貸付制度や、各種保険料の減免、納税・公共料金の支払猶予などの支援策も実施されている。

次に、中小・小規模事業者に対しては、売り上げの減少を受けた持続化給付金や家賃支援給付金に加え、雇用を維持するための助成金や事業再開に向けた持続化補助金といった助成措置が講じられている。また、日本政策金融公庫等を通じて、3年間無利子、最長5年間元本据置といった実質無利子・無担保の融資制度が導入されているほか、売上減少に伴う税・社会保険料

の納付猶予や固定資産税の減免などの措置も講じられた。

2.金融緩和措置

金融緩和の面からみた対応は、3つの柱に整理することができる。第一に、金融市場の安定性を維持するため、潤沢な資金供給を行っていることが挙げられる。国内では、無制限の国債買い入れを通じた円の資金供給が行われているほか、外貨の面では主要国の中央銀行と協調して米ドル・スワップ取極を通じたドル資金の供給が行われている。

第二に、中小企業等の資金繰り支援を積極的に行っていることである。社債やCPの買い入れに加え、民間金融機関が行う新型コロナ対応融資をバックファイナンスするようなオペレーションの導入などが挙げられる。こうした融資には、政府が信用リスクをカバーし金融機関が実質無利子・無担保で行う貸し出しも含まれる。これらの資金繰り支援特別プログラムを合わせると、総枠は120兆円を超える規模になる。

第三に、ETF及びJ-REITを積極的に買い入れていることである。これは、資産市場の不安定な動きが企業や家計のコンフィデンスの悪化につながるリスクを防止し、前向きな経済活動を支援するものである。

わが国において、ここまで前例の無い政策対応を講じることができた背景には、リーマン・ショック時の経験がある。金融市場における流動性の蒸発と企業の資金繰りの急速な悪化が起きる中で、政府・日本銀行が密接に協力しながら迅速な対応を行う必要があった。その経験が今回の経済危機においても活かされている。新型コロナウイルス感染収束までには大きな不確実性があるが、政府と日本銀行には、あらゆる手段を通じて、企業金融の円滑化と金融市場の安定に努めていくことが求められている。

新生活様式での業務運営・働き方

新型コロナウイルス感染拡大の影響で、経済活動、日常生活が激変。いわゆる3密（密集・密接・密室）を防ぐため、外出自粛や在宅勤務が推奨されるようになった。この一連の業務運営や働き方の改革を指す。

新型コロナウイルスの感染拡大は、都市封鎖、移動制限、いわゆる3密状態（密集・密接・密室）の回避が政策的に強力に推進され、国、企業、個人ともに、経済活動、企業活動、社会活動が大きく制約を受けるようになった。

遊戯施設やホテル、飲食店などは軒並み休業となり、一部は廃業にまで至っている。2020年に開催予定だった**東京オリンピック**も、1年延期を余儀なくされた。

企業においても、在宅勤務やオンライン会議、通勤の撤廃など、オフィス概念、通勤概念の再定義など、業務処理そのものの改革を実施する企業が増えている。

富士通は、グループ従業員8万人を対象に**テレワーク**（在宅勤務）への全面シフトに踏み切る。オフィス内の全席を「フリーアドレス化」して、2022年までにオフィス規模を半減させるという。

キリンホールディングスは、オフィス、自宅以外の第3の勤務地「サードプレイス」の導入を検討し、自宅で生産性が上がらない職員のため、場所だけでなく働き方を主体的に選択できる仕組みを導入した。

新たな局面として、在宅勤務は、職員の「**副業・兼業**」も可能にした。すでに新生銀行では、2018年から職員の副業を解禁している。個人が働く価値を提供し、その対価を得ることを会社側が縛る必要

は無いとし、異業種の人が交わることでイノベーションの創発を促す観点から「副業」を容認した。

課題は安全配慮や労働時間の管理であるが、労働基準法などに基づいて厳しく管理し、人事部でのチェックも実施、職員の自己管理を徹底する形を採用した。

もともと「副業・兼業と情報管理は別の問題」との考え方を徹底しており、「情報漏えいの禁止」「競業避止義務」「利益相反行為の禁止」は、すでに在宅勤務以前から行内で規定化されている。

これにより、経済的な補填だけでなく、採用難の時代の労働力不足の解消、職員の本業以外のスキルを発展させ、こうした能力の銀行への還元とあわせ、職員の専門知識・スキルの向上を期待している。

みずほフィナンシャルグループは、これまで進めてきた事務の合理化で生じる店舗の空きスペースを活用して、職員の25％、約1万2,000人を、テレワークを前提とした働き方に改めるとしている。

みずほ銀行では、すでに2019年7月に完成した勘定系システム「MINORI」をフル活用させることで来店客の窓口業務を軽減させてきている。

これまで全国にサテライトオフィスを都内9カ所開設しており、今後もサテライトオフィスを数十カ所に拡充を図る計画という。

こうした様々な新生活様式での業務運営・働き方の改革は、新たな3密である「緻密・秘密・親密」の必要性を生み出している。すなわち、精緻な評価制度と業務運営体制の構築、報連相と雑相（雑談と相談）による密度の濃い職員間のコミュニケーションの実現、企業情報や個人情報の徹底管理による秘密保持体制の構築である。そして、何よりも重要なのは、常に職員に寄り添い企業と職員の『心の密』を保つことである。

27

銀行間送金手数料の見直し

40年間以上、金額が変わっていない銀行間手数料が見直される。きっかけは、キャッシュレス決済を推進する政府の引き下げ要請。金融庁を含む当事者間の議論を経て、2020年度末にも新たな料金制度の概要が固まる見通しだ。

国内の銀行間送金は、全国銀行資金決済ネットワーク（全銀ネット）が運営する「全銀システム」を介して行われている。銀行間手数料は、この全銀システムを経由して、顧客から送金依頼を受けた金融機関（仕向け）が、受け取り金融機関（被仕向け）に支払う料金を指す。

金額は送金額3万円未満の場合1件117円、3万円以上の場合は同162円。各金融機関が相対で料金を決める建前になっているが、実際には全金融機関で同じ手数料が適用されてきた経緯がある。

仕向け金融機関は、被仕向け機関に払う銀行間手数料に、自行の経費や利益を上乗せして、顧客から徴求する振込手数料を決めている。その金額は、金融機関や方法（店頭窓口、ATM、インターネットバンキング）によって異なるものの、3メガバンクでは3万円未満で220〜770円となっている。

この振込手数料が高止まりしているがゆえに、**キャッシュレス決済**の普及を妨げているとするのが、政府の見立てだ。

例えば、小売店が計上したキャッシュレス決済の売上金は後日、銀行振り込みで決済事業者から受け取るが、その際の手数料は事業者が負担するのが一般的だ。事業者は手数料の負担を軽減するため、入金サイクルを月数回など制限するケースが多い。手元現

金を早く確保したい中小零細店舗では、この入金サイクルが足かせになり、キャッシュレス決済導入に及び腰になる要因となっているという。

公正取引委員会は2020年4月、「QRコードなどを用いたキャッシュレス決済に関する実態調査報告書」を公表した。振込手数料のベースとなる銀行間手数料にかかる取引慣行の見直しを提言した。これに呼応して、2020年6月の政府の**未来投資会議**では「銀行間手数料を、全銀ネットが定める仕組みに統一した上で引き下げるべき」と問題提起を行っている。

これら意見を踏まえて、金融界では**金融庁**とも協議しながら、新たな料金制度となる「内国為替運営費（仮）」を設ける方針が示された。その骨子は、内国為替制度の運営に必要となるコストを全銀ネットが仕向側から徴求して、被仕向側に分配するというもの。

新制度の導入に向けて全銀ネットは2020年10月、内国為替制度の清算参加者である約140金融機関へ調査を実施した。金融機関の現状の個別コストを把握の上、新たな料金設定の参考にする。

新制度では、既存の銀行間手数料と比べてコスト構造の見える化が図られる見通しで、料金の引き下げも規定路線のようだ。一方、**マネーロンダリング（資金洗浄）**やセキュリティー対策の必要から、過度な引き下げは為替制度の安定に影響を及ぼしかねないとの懸念も出ている。非仕向側に回ることの多い地域金融機関は、手数料収入の減少にもつながる。

このほか、3メガバンクとりそな銀行、埼玉りそな銀行の都銀5行では小口決済専用の安価な送金システムを構築する構想も出ている。都銀、地域金融機関、決済事業者、それぞれの立ち位置が異なる中、全体のバランスを踏まえた調整が求められる。

銀行のDX

銀行のDXの重要性はデジタルチャネル活用、業務の効率化の両面で高まっているが、業務の見直しまで踏み込むことで、より本格的な効果が見込まれる。現在はコスト削減が主だが、効果的な活用で、新たな収益源も期待される。

1.加速するDX

銀行業界におけるDX（デジタルトランスフォーメーション）は、社会・利用者のデジタル化要請に加え、業務効率化の両面で加速化している。

従来、銀行の多くは繁華街の駅前など利便性の高い一等地に支店網を構築し、利用者へのサービス拠点として活用してきたが、インターネットの普及により、顧客との接点が従来の店舗だけでなく、デジタルチャネルが加わっている。これまでもインターネット専業銀行（ネット専業銀行）が、デジタルチャネルを中心としたサービス提供を行っているが、ネット専業銀行が誕生した2000年代と比べ、ネット利用者と利用時間は飛躍的に増大している。

加えて、コロナ禍により、店頭よりもウェブサイトからの手続きを希望する利用者が60代以上でも増加しており、伝統的な金融機関でもデジタルチャネルの重要性が高まっている。さらに最近は支店業務でデジタル化が進んできている。これまで紙で行ってきた各種申請をタブレット端末などを活用することで、電子化を図っている。

預金者から見ると、単純なペーパーレス化であっても、銀行にとっては、窓口での再入力の手間が省け、書類保管等の負担が軽減される。生産性向上の観点では、本店業務においても、稟議の電子化やオンライン会議などのデジタ

ル化が進んでおり、コロナ禍で一層加速している。

2.DXの本質とは

一方で、DXの本質は、業務の見直しを通じ「生産性を飛躍的に増大し、顧客満足度を高めること」にある。

現行業務を電子化することでも効率化は見込めるが、ツールやインターフェースのデジタル化に止まることなく、デジタルに合わせた業務設計（業務プロセスを解きほぐし、不要な業務を廃したり、複数の業務を新たな仕組みで代替したりすること）を進めることでより大きな効果が見込まれる。窓口業務だけでなく、後続作業を一括して電子化することも重要である。

また、電子化で得られたデータを積極的に利活用し、利用者ごとに個別化されたサービスを提供・提案することで銀行・利用者双方が恩恵を受けることも可能となり得る。

その際には、銀行取引情報のみならず、他のサービスやスマートフォン・ウェアラブル端末などのデータを利活用することも考えられる。プライバシーなどの課題は大きいが、利用者にとっても銀行の役割を変え得る可能性を持っているものと考えられる。

DXにあたって、どのようにセキュリティーを確保していくかは最大の課題の1つである。一方で、先端技術を正しく活用することで、KYCや本人認証など、従来型の技術では不可能だった業務の改善も期待され得る。

規制面では、これまでの「業態別の縦割り規制」から「機能別・横断的な金融規制」に変革が進んでいる。DX面で優位性を持つ銀行にとっては、新規参入者等に銀行基盤を提供するBaaS（Banking as a Service）なども新たな収益源として、注目を集める分野となり得よう。個人業務に対して、遅れが目立つ法人業務も今後DXが加速すると期待される。

地域銀行のオープンアライアンス

地域銀行の経営環境が厳しくなる中で、地域銀行同士の包括的業務提携（アライアンス）が進展する一方、異業種との提携も盛んになっており、オープンアライアンスを唱えるSBIホールディングスの積極的な動きに注目が集まる。

1.アライアンスの広がり

経営統合には非常に大きなコストがかかる上、広域型の経営統合の場合には地元との関係が希薄化する心配がある。逆に同一地域内での経営統合の場合には、2020年の**統合特例法**によって緩和されたとはいえ、地域内での独占の弊害への当局の心配から、円滑に経営統合が進まないおそれがある。

こうしたことから、組織再編を伴わないで、経営統合と同等のメリットを享受する方策として、包括的業務提携（アライアンス）を模索する動きも進展している。

経営統合に比べて、重複店舗の整理などのコスト削減効果は小さいが、組織上の摩擦は少なく、経営の自由度を維持できることに加え、単独では難しかったサービスの提供やコストの削減が可能になるなど、メリットも多い。

2．オープンアライアンス

地銀を巡るアライアンスで、注目されるのがSBIホールディングス（SBIHD）の動きである。同社は2019年に島根銀行の第三者割当増資を引き受けて筆頭株主になり、取締役を送り込んだ。

M＆A業務での業務提携や共同店舗運営、多様な住宅ローン商品の提供などの形で、島根銀行のコスト構造を改善し、商品の競争力を高めることで、収益力の向上を目指している。

その後も、SBIHDは福島銀

行、筑邦銀行、清水銀行と資本業務提携を締結し、アライアンスを拡大している。「第4のメガバンク」に向けて、積極的に提携先を増やしており、オープンアライアンスと性格付けることができる。

3. 地銀と証券の提携

証券会社が関与するアライアンスでも、野村証券の場合は各地域の有力地銀との提携である。同社は、2019年に山陰合同銀行、2020年に阿波銀行と包括提携した。当該地銀の地元において個人向け証券事業を統合し、営業は地銀が行い、野村証券が証券管理やシステム、商品を提供する形で分業している。

4. 地銀アライアンス

一方で、銀行間でのアライアンスにも進展がみられる。

代表的なものが、2015年発足のTSUBASAアライアンスである。2015年に千葉銀行や中国銀行などの3行で始まったが、徐々に参加銀行が増え、2019年の琉球銀行の参加で全国的な10行のグループになっている。各行の独立性を維持しながら、ITを使った金融商品の開発や、事務・システムの共通化によるコストの削減、シンジケートローンの共同組成などを実現している。

百十四銀行など四国の4地銀は2016年に「四国アライアンス」を組織しており、2020年には共同で地域商社を設立するなど地域に根ざした協働を深めている。

多数の銀行によるアライアンス以外に、2銀行によるアライアンスもある。例えば、2016年に締結された千葉銀行と武蔵野銀行の千葉・武蔵野アライアンスや、2019年の横浜銀行と千葉銀行の業務提携、2020年の福井銀行と福邦銀行の包括提携などである。

5.アライアンスの成功へ

地銀の提携は多様化しているが、いたずらに提携を増やしても意味は無い。提携を生かして企業価値の向上を実現できるかが重要である。

金融庁、氷見野新長官の金融行政

金 融庁の前金融国際審議官・氷見野良三氏が長官に就任。金融行政方針でコロナとの戦い、魅力ある金融資本市場の構築、金融庁の改革の3つの柱を示した。厳しさを増す銀行の経営環境を踏まえた新たな金融政策が注目される。

2020年7月、氷見野良三氏が新しい**金融庁**長官に就任した。氷見野氏は、金融危機に備えて銀行に自己資本の積み増しなどを求めた「バーゼル規制」の策定に尽力。2016年に金融国際審議官となり、2019年9月には、主要国の金融当局で構成する**FSB（金融安定理事会）**の常設委員会議長に、日本人として初めて就任するなど、海外当局からの信頼も厚い。一方で、国内で金融機関の監督経験もあり、コロナ禍で危機対応にあたる。

8月末に発表された金融行政方針によれば、今期の柱は、「コロナと戦い、コロナ後の新しい社会を築く」「高い機能を有し魅力のある金融資本市場を築く」「金融庁の改革を進める」の3つである。

1点目のコロナとの戦いについては、コロナの影響を受ける企業や家計向け融資等を十分に行いつつ、回復を後押しする。金融庁の誘導で、銀行は企業に対する貸し出し条件の変更を累計で22万4,000件実施し、住宅ローンの条件変更を2万5,000件行っている（8月末時点、金融庁）。同時に支援融資も後押しし、保証協会の保証付き融資は、3月以降の累計で113万件にも上っている（同全国保証協会）。

これらの施策で、GDPの下落の割には、倒産は抑えられている。しかし、コロナの影響は当初想定以上に長引いており、収束時期によっては企業業績や個人の生活への影響

は一段と大きくなる。金融機関がどこまでこれらの問題に対応できるのか、それをどう主導していくのか。金融庁の対応は極めて重要である。

2点目の金融資本市場の構築については、一極集中から多極連携型の道をたどる可能性が高く、世界の中核的な都市が特色を持ちつつ相互に競争、補完しあうことが重要と考えられる。日本も国際金融機能を拡充し、アジアにおける国際金融の中核的な拠点の1つとして発展していけるよう、環境を整えていくとしている。国際畑の氷見野氏の号令のもとで、こうした日本市場の国際化がどこまで進捗するのか興味深い。実際、就任からほどない7月末に海外からの投資ファンドの緊急避難的な移管について、最短3営業日程度で日本で業務を始められるとする方針も報じられた。

3点目の金融庁自体の改革については、氷見野氏自身もメディアインタビューで、「金融"説教庁"時代は終わりにする」と発言し、「金融育成庁」として力を発揮できるよう金融庁自身の改革を進める、としている。具体的には、課室のコミュニケーションの活性化や職員の自発的な参加の機会の拡大など、職員による主体的な取り組みを支える環境整備を進める。同時に、行政の電子化や財務局の金融行政担当部局との一体化も挙げており、組織の合理化、高度化が期待される。

2020年7月で、金融監督庁・大蔵省金融企画局が再編され、金融庁となって20年となった。節目の年にコロナ禍という大きな課題を抱え、行政もスピード感を持った改革が必要になっている。コロナからの復活、国際金融都市としての地位向上、個人の**金融リテラシー**の向上と健全な資産形成の普及、苦境に立つ地銀の立て直し等の課題にどのように取り組んでいくのか、新長官の手法が注目される。

中央銀行デジタル通貨(CBDC)の行方

中央銀行によるデジタル通貨発行に慎重であった国及び国際機関が容認姿勢に転ずるとともに国際的なルール形成に向けて動き出している。既に検討を進めていた国も含めて実用化に向けた動きと主導権争いが加速している。

既存の現金や決済システムによらずに資金決済を可能にする**リブラ構想**やビットコイン等の**暗号資産**の台頭を契機に、中央銀行が発行するデジタル通貨(CBDC:Central Bank Digital Currencies)の導入を検討する動きが世界的に拡大している。

当初CBDC発行に積極的だったのは、マーシャル諸島など点在する島の住民に金融サービスが行き届かない島しょ国やSWIFT等の国際的な送金網からの締め出しを含む経済制裁の回避を目的とするベネズエラなどCBDC自体に対するニーズが強い国であった。中央銀行が民間銀行を通じて資金供給量等を調節するシステムが確立されている先進国

では、民間銀行の役割縮小など既存システムに影響を与え得るCBDCに概して消極的であり、先進国が主導する国際機関からもCBDCの発行について懸念の表明が相次いだ。

次第にCBDCに対するニーズというより、民間企業が発行する法定通貨の価格と連動するデジタル通貨(ステーブルコイン)やビットコイン等の暗号資産による資金決済の拡大で失うおそれのある金融政策の実効性の確保及び米国ドルや米国が影響力を有する国際資金決済網への依存から脱却等を目的としてCBDC発行を検討する国も徐々に拡大し、中国など実用化に近付いている国も出ている。

近年はリブラ構想と中国等

におけるCBDCの進展を契機として、これまでCBDC発行に慎重な姿勢であった先進国においても発行に向けた議論が加速しているほか、ステーブルコインに対する具体的な規制の導入も進んでいる。**日本銀行**は、具体的・実務的な検討を進めるため3段階にわたる実証実験を実施する方針を示した。欧州では、ステーブルコインを含む暗号資産に係る包括的な規制案を公表。**G20**、IMF、世界銀行及BISといった国際機関でも中央銀行がCBDCを発行することを容認する姿勢に転換するとともに、中国のCBDC及びリブラを念頭にCBDC発行及びステーブルコインに対する規制に関する国際的なルール形成に向けた動きを始めている。

CBDCの定義及びスキームについて広く統一されたものは無いが、大きく分けると銀行間といった特定領域で利用可能なホールセール型と幅広い主体が利用可能な一般利用型に分けられることが多い。さらに一般利用型の場合、中央銀行が直接利用者に配布する直接型と、銀行等の仲介機関を通じて配布させる間接型がある。直接型の場合は、民間銀行における預金の縮小と資金決済における役割の縮小を伴うことから、民間銀行を通じて金融政策の実効性を確保するシステムのあり方を再考する必要がある。間接型の場合は、仲介機関が収益をもたらす利用者にのみアクセスを制限したり、収益性の低いサービスを提供しないといった利用者利便の低下をどう抑制するかの検討が必要になる。

CBDCといえども発行すれば必ず普及する訳ではない。利便性が低い場合、既存の決済手段から移行が進まなかったり、利便性の高いステーブルコインや暗号資産の方が普及したりする可能性がある。このため、安定した高い利便性を示すなど利用者に選択される通貨となる必要がある。

キャッシュレス決済と安全性

様々な形でキャッシュレスの情報が漏えいし、不正に利用されている。特に、複数の事業者が連携する部分で、対応の隙を突かれた例が見られている。業界横断的に、対策を講じていく必要がある。

キャッシュレス決済が普及するにつれて、残念ながらその不正利用の被害も増加の傾向にある。

クレジットカードの不正利用被害額は、日本クレジット協会の調査によると、2019年に273億円に上り、そのうち偽造カードによる被害が17億円、番号盗用による被害が222億円、その他の不正利用被害が33億円となっている。特に番号盗用による被害は近年増加の一途をたどっている。

そのほかのキャッシュレス決済手段の不正利用被害額についても、公式な統計は無いものの、2020年に入ってからも、複数の決済サービスにおいて不正利用の被害が報じられている。最近の不正利用被害で顕著なのは、複数のサービス間の連携の間隙を突かれていることである。クレジットカードや銀行口座から、電子マネーやコード決済へのチャージを行う際の、資金の出し手と受け手の間のセキュリティーの不備を突いた例が相次いでいる。

これは、本来それぞれが相互に相手のセキュリティーレベルを確認しなければならないところ、相手を過度に信頼して確認を怠ったことや「ほかでも同様にやっている」と確認がおろそかになってしまったことなどが要因となっているだろう。一方で、キャッシュレス決済事業者間で相互に連携する場合のセキュリティーについて、明確な基準が

存在していないのも事実だ。

クレジットカードには、PCI-DSSという世界基準のセキュリティー標準がある。欧米では、キャッシュレス決済サービスは基本的に銀行が提供するものであり、クレジット、デビット、プリペイドいずれも国際決済ブランドの標準に則って提供されるため、結果的にPCI-DSSに準拠したサービスが提供されている。

翻って日本は、デビットや電子マネー、コード決済は国内独自の決済サービスであり、規制も個別になっているため、クレジット以外は、PCI-DSSに準拠していない状況である。

また、利用者の認証について、欧州では、PSD2（Revised Payment Services Directive）においてSCA（Strong Customer Authentication）が規定され、米国では、NIST（National Institute of Standards and Technology）によるガイドライン（NIST Special Publication 800-63-3）が存在するが、日本では業横断的な標準やガイドラインが存在していない状況である。

不正対策は「いたちごっこ」であり、日々高度化する不正に対して、個々のキャッシュレス決済事業者では対処しきれない、あるいは把握しきれないことも増えつつある。一方で、そこで生じる「蟻の一穴」を的確に狙われてしまっているのが昨今の状況である。

これに対応するには、業界全体でセキュリティー水準を高めていく必要があり、最近では前述の通り、キャッシュレス決済事業者間での連携部分については、業態をまたいだ検討が必要である。

そのために、業界横断的なセキュリティー基準と、不正利用やその対策を共有する場が必要である。これからも安全・安心なキャッシュレス決済を提供するために、業界全体の課題として、この問題に取り組むべきである。

脱ハンコ、書面、押印手続き見直し

コロナ禍において、脱ハンコによる非対面・非接触の推進は一層急務となった。法務省等から相次いで発表された、押印と電子署名サービスに関する3件のQ&Aは、脱ハンコに向けた社会の取り組みを強く後押した。

1.脱ハンコの本質

世界的に第4次産業革命と言われる情報通信技術の社会への浸透が進む中、金融機関を含めた企業の業務のDXが進みつつあった。加えて、新型コロナの流行が進み、非対面・非接触での情報通信技術を利用した業務の推進が強く求められるようになった。

日本政府のコロナ対応の規制改革として、脱ハンコのため、法務省、経済産業省、総務省の3省より、押印、電子署名についての3件のQ&Aが発出された。ここでの脱ハンコ、書面、押印手続きの見直しは、単なる書面・押印の廃止を意味するものではない。業務に潜むリスクを正しく評価し直し、必要十分な安全性と利便性を備えた方法に置き換えて業務効率化も図るという、業務DXの一部と捉えることが適切である。前記Q&Aのメッセージも、「ハンコを押してもらうのが大事」「これまでやってきたプロセスだから大丈夫」ではなく「常に合理的な業務の方法は何かを見直し、時代に合わせて進化させよ」ということではないか。

脱ハンコと言っても、「顧客向けのサービス」「協業先・サプライヤとの取引」「金融機関内の手続き」、いずれの観点が欠けても不十分である。顧客向けサービスや取引先とのやり取りの裏にも必ず「金融機関内の手続き」が存在するように、各点を統合的にデジタル化することにより、全体

40

最適が図られることになる。

2.具体的な進め方

では、どのように書面・押印手続きを廃するか。まずは、各取引、手続きのリスクを評価した上で、リスクを踏まえて電子化を進める。まず、①「押印の意義」を理解することが必要である。印鑑証明書や自社に登録されている印鑑との同一性確認など、本人の印鑑かを確認している場合は、民事訴訟の際に二段の推定と言われる、印鑑名義人が文書を作成したとの推定を受けられる。しかし、一致が確認できない場合、作成者を確認するためには別途文書作成者の立証が必要になる。実印・登録印の押印を求めていたか、自社側で所有者を管理できていない印鑑の押印を求めていたかの差異は重要である。

そして、②問題発生時の弊害の評価③顧客側の虚偽申告のインセンティブ④取引の種類⑤文書の種類を評価する。このようにして把握したリスクを踏まえた必要十分な対応方策の設計には、法務省の押印Q&Aが参考になる。例えば、A「継続的な取引関係がある場合」は、取引先とのメールのメールアドレス・本文及び日時等、送受信記録の保存が、B「新規に取引関係に入る場合」は、契約締結前段階での本人確認情報（氏名・住所等の根拠資料としての運転免許証）や本人確認情報の入手過程（郵送受付やメールでのPDF送付）の記録・保存、文書や契約の成立過程（メールやSNS上のやり取り）の保存で代替することが考えられる。

しかし、特に実印や登録印の代替の場合には、法務省等の2件の電子署名のQ&Aを踏まえて、電子署名法3条の要件を満たすとされた電子署名を採用することや、インターネットバンクなどの認証方法も参考に、利用時のログインID・日時や認証結果などを記録・保存することにより実施することも考えられる。

東京オリンピックの行方

2020年開催予定だった東京オリンピック・パラリンピックは延期となり、2021年の開催に向けた手探りが続いている。金融機関の経営にとっても、様々な影響がある大きなイベントであり、その行方が注目されている。

2020年7月24日から開催される予定であった東京オリンピック（パラリンピックは8月25日から開催予定）は、新型コロナウイルスの世界的な感染拡大により延期することが、同年3月24日に決定された。その後、新たな日程が発表され、オリンピックは2021年7月23日、パラリンピックは8月24日から開始の予定である。

大会組織委員会は、2020年6月10日、2021年開催予定となった大会の位置付け、原則、ロードマップを公表した。コロナ前は、オリンピックは世界最大のスポーツの祭典であり、世界中の感動、協調、興奮をベースとするプランが検討されていた。しかし、コロナにより物事の優先順位が変わったことを踏まえ、延期に伴う費用を最小化することや安全かつ持続可能な大会とするため簡素（シンプル）な大会とすることが打ち出された。オリンピック開催に対する考え方が大きく変わったことがうかがえる。

開催に向けて最も重要と考えられるのは、出場するアスリートや関係者の感染対策、安全確保である。東京オリンピック開催時の新型コロナウイルス対策を総合的に検討、調整するため、2020年9月より「東京オリンピック・パラリンピック競技大会における新型コロナウイルス感染症対策調整会議」が内閣官房の主導で開催されている。既に数回の会議が開催され、アスリ

ート等の出入国、検査、移動ルールなどが検討され、一部、具体的な対応方針も示されている。開催に向けた手探りが続く。

金融機関にとっても、東京オリンピック開催は経営上注目するべき重要なイベントの1つである。オリンピックが直接、金融サービスに結び付くわけではないものの、波及する影響は大きい。

金融機関は、オリンピック開催に向けた機運に乗り、観戦チケットが当たる自社商品利用者向けキャンペーンや、オリンピック対応で資金が必要となる中小企業者への支援融資など、営業推進につながる施策を展開してきた。オリンピックの開催が延期され、今後の状況も不透明な中で、これらのキャンペーンは、多くが中断や早期終了となってしまっている。

また、国際的な大規模イベントは、これまでも様々なサイバー攻撃のターゲットとな

ってきた。東京オリンピックは、サイバー犯罪者にとって格好のターゲットである。直接的な大会の関係機関にとどまらず、社会の重要インフラである金融機関もサイバー攻撃のターゲットとなる可能性が指摘されている。オリンピック開催により国際社会の注目を集める中、金融機関がサイバー攻撃を受けて決済システムが停止する等により社会の混乱が生じるといった事態は避けなければならない。

金融当局は、金融機関の**サイバーセキュリティー**対策の実態把握に努め、一層の充実・強化が重要であると警鐘を鳴らしてきた。**金融庁**は金融業界横断的なサイバーセキュリティー演習を実施し、金融業界全体としてのインシデント対応能力の向上を図ってきている。オリンピック開催がきっかけとなり、金融機関のサイバーセキュリティー対策に対する意識の底上げにつながっている。

I ICT・フィンテック

UI・UX

UIはUser Interface、UXはUser Experienceの略称。デザインや操作性・利便性はUIであり、UXはユーザーがUIに触れて感じ取る体験を指す。

ICT・フィンテック

UIのInterfaceは接点・接触面という意味で、UIはユーザーと製品・サービスをつなぐ全ての接触面を指す。ユーザーの目や手に触れるものは全てUIとみなせる。Webサイトであれば画面のデザインやボタン、フォントなど、家電製品であれば外観そのもの、スイッチやボタンの並びなどがUIとなる。

UXのExperienceは「体験・経験」を意味し、UXはユーザーが製品・サービスを通じて得られる「体験」のことを指す。デザインが美しい、フォントが見やすい、スイッチが押しやすいなど、ユーザーが製品やサービスに触れて感じること全てがUXとなる。

UIとUXは関係性があいまいで混同されることが多い。

UIはUXの要素の一部となる。サービスを利用するユーザーが質の高い「体験（UX）」をするには、質の高い「デザインや操作性（UI）」が必要である。いくら質の高い情報が載っているウェブサイトでも、欲しい情報がどこにあるのか分からなくては質の高い体験につながらない。

問題は、同じUIでも顧客によって感じ方（UX）が異なる点にある。同じデザインでも素晴らしいと感じる人もいれば、不快に感じる人もいる。この点は、良いモノであるだけでは、ユーザーを満足させることにつながらないという示唆につながる。「UXを最大化するために必要なUIは何か」という視点を持つことが何より重要になっている。

スーパーアプリ

用途の異なる様々なアプリを1つのメインアプリ上で使えるようにしたもの。スマホでいくつものアプリを立ち上げる煩わしさが無くなるため、ユーザーにとって利便性が高い。

スーパーアプリには、SNS、ニュース、ゲーム、飲食店予約、Eコマースなど、スマートフォンで日常的に使われるサービスが詰まっている。メインアプリは「プラットフォームアプリ」、プラットフォームアプリ上に統合されるものは「ミニアプリ」と呼ばれる。

スマホには多くのアプリがインストールされているが、大半は日常利用されていない。アプリが多過ぎて必要な時に見つからないことも多く、アプリごとにIDやパスワードを設定するのも面倒である。

スーパーアプリの利点はユーザーの利便性が格段に高まる点にある。プラットフォームアプリから連携するミニアプリをシームレスに呼び出せるため、必要な時に見つけや

すい。IDなどもミニアプリごとに設定する必要は無い。

スーパーアプリは新興国、特に中国や東アジア諸国で普及している。中国ではメッセージングアプリのWeChatがメッセージングから配車サービス、決済などあらゆる機能を実装するスーパーアプリとなっている。中国のようなモバイルファーストの文化ではスーパーアプリのようなサービスが浸透しやすい。

日本では、2019年末のヤフー・LINEの経営統合をきっかけにスーパーアプリへの関心が一気に高まった。ただ、日本の場合、ユーザーが個人情報の共有に抵抗感があるため、スーパーアプリが浸透するには、情報セキュリティーへの対応は不可欠となる。

GAFA・プラットフォーム企業

GAFAとは米国を代表するIT企業であるグーグル（Google）、アップル（Apple）、フェースブック（Facebook）、アマゾン（Amazon）の4社の頭文字を並べた略語である。

一言でGAFAと言っても、ビジネスモデルは大きく異なる。グーグルは高度な検索エンジンを通じて世界中の情報を整理し利用者に分かりやすい形で提供することに強みを発揮しており、その収益の大半はネット広告に依存する。

フェースブックは、実名制のソーシャル・ネットワーキング・サービスの提供に成功し、足元では全世界の利用者が27億人と言われる巨大なネットワークを構成しているが、売り上げの9割以上をSNS上の広告収入が占める。

アップルは、MacやiPadに代表されるハードウェア・メーカーであり、現在はiPhoneが大きな収益源となっている。

アマゾンは、インターネットを通じた電子商取引（EC）

の巨人であるが、クラウド・コンピューティング・サービス（AWS）が収益を支える構図となっている。

このように、GAFA各社のビジネスモデルは大きく異なるが、①従来のビジネスモデルを陳腐化させることによって新たな付加価値を果敢に創り出している②この結果、顧客に極めて利便性の高いサービスを提供することに成功しているという点は共通する。

こうした中で、GAFA各社では金融サービスへの進出を積極的に行っている。例えば、グーグルでは「グーグル・ペイ」を通じてパソコンやスマートフォンからP2P送金を行えるサービスを提供しているほか、アマゾンも「アマゾン・ゴー」に代表される

ように、顧客の購買・支払い行動がシームレスに行われるような利便性の高いサービスを実現している。

さらに、アップルでもiPhoneやApple Watchの利用者に対して「アップル・ペイ」を提供しているが、民間金融機関やカード会社と連携した「アップル・カード」サービスを2019年から提供している。これに対して、金融サービスへの展開がやや遅れていたフェースブックでは、**暗号資産リブラ**の発行に向けた取り組みを進めている。リブラは主要国の法定通貨や国債を裏付けに資産価格の安定化を狙うステーブルコインであり、従来、銀行サービスを使うことができなかった人々に対して安価かつ安全に資金取引ができるようなプラットフォームを提供することを主な狙いとしている。

GAFAは金融サービスを通じて得られる様々な情報を使って、AI（人工知能）、拡張現実（AR）、バーチャル・リアリティ（VR）、さらにはブレイン・マシン・インターフェース（BMI）などへの応用を図っていくものとみられる。

さらに、中国を代表するプラットフォーム企業「BATH」（百度〈Baidu〉、阿里巴巴集団〈Alibaba Group〉、騰訊〈Tencent〉、華為〈Huawei〉）も金融サービスをてこに飛躍的な発展を遂げている。中国では、QRコード（二次元コード）を使った**モバイル決済**サービス（微信支付〈WeChat Pay〉、支付宝〈Alipay〉）が重要な役割を果たしているほか、これらのサービスを通じて収集された**ビッグデータ**を活用した新たなサービスが矢継ぎ早に展開されている。

GAFAの戦略、BATHの躍進など、今後ともグローバルにみたプラットフォーム企業の動向とこれらの企業が生み出す新たな付加価値と金融システムへの影響について、しっかりと見ていく必要がある。

スマホ・モバイル決済

従来の非接触IC型に代わり、店舗負担が軽いQRコード型決済がキャッシュレス化を牽引している。普及が進む一方で、セキュリティーなどの課題も顕在化し始めている。

スマホ・モバイル決済とは、主にスマートフォンを用いて、電子マネー、クレジットカードなどによる支払いを行うサービスである。

以前は「おサイフケータイ」のサービスが広く普及していたが、近年はQRコードを用いた新たな決済サービスが林立しており、普及が加速している。QRコード決済の多くは、モバイルSuicaやEdyなどのおサイフケータイと同じく、プリペイド決済を採用しているが、非接触ICであるFelicaではなく、QRコードを採用している。

決済にあたっては、利用者が店舗のQRコードを読み込んで決済を行う「MPM（店舗掲示型）」とユーザーがスマートフォン画面に表示したバーコードを店舗側で読み取る「CPM（利用者掲示型）」に分けられる。

前者の場合は、店舗側は高価な読み取り機器を必要としないため、これまでクレジットカードやモバイル決済の導入を行っていなかったような小規模店舗でも**キャッシュレス化**が可能となる。

経済産業省の調査によると、2019年時点では、消費に占める支払額の0.3%と、クレジットカード（24%）や電子マネー（1.9%）を大きく下回るが、加盟店網の拡大と大規模キャンペーンにより伸びが期待されている。

一方で、銀行からの不正チャージ等の問題が発生しており、セキュリティー面での一層の強化が課題となる。

ペイロール

給与の支払い・受け取りが可能なプリペイドカード。キャッシュレス化を進展する効果が期待されている。海外では普及し始めているが、日本でも解禁に向けた議論が進んでいる。

ペイロールは、**キャッシュレス決済**の普及をさらに後押しするための施策として注目されている。米国など海外では普及し始めている。日本では、労働基準法によって給与支払いは「原則、現金払い」と定められており、例外規定として銀行口座や証券口座への振り込みが認められている。これにペイロールが提供する口座を新たに加えるか、現在議論が進められている。

ペイロールへの期待の背景には、インターネットを介して単発で仕事を請け負うギグワーカーやフリーランスなど多様な働き手の増加がある。報酬を好きなタイミングで受け取りたい場合、ペイロールは便利な仕組みとなる。

また、日本国内で銀行口座の開設が難しい外国人労働者は、生活上で不便が生じる。ペイロールは、銀行振り込みに代替する賃金支払い手段として外国人労働者の生活条件を改善できるメリットがある。

ペイロールはデジタル通貨による決済や送金サービスを手掛けるフィンテック企業にとって、これまで銀行が担ってきた給与の振込業務に参入できる商機となる。

最大の論点となっているのが、資金移動業者が経営破綻してしまった場合の利用者保護のスキームである。銀行の場合は預金保険制度で給与が保護されるが、ペイロールは同等の仕組みが無い。資金移動事業者が破綻した場合でも、保証を通じた支払いができる仕組みが検討されている。

暗号資産・リブラ

インターネット上で電子的に価値のやりとりができる財産的価値。法改正により仮想通貨から暗号資産に名称変更された。リブラはリブラ協会が発行予定のステーブルコインの1つ。

従来は仮想通貨（Virtual currency）や、暗号通貨（Crypto currency）といった名称が使われていたが、国際的に暗号資産（Crypto asset）という表現が用いられる例が増えていることや「仮想通貨」は法定通貨との誤認を生じさせる可能性があることを踏まえ、2019年5月の法改正により暗号資産へ名称が改められた。

2009年に登場したビットコイン（Bitcoin）以降、イーサリアム（Ethereum）を始め、3,000種を超える暗号資産が流通しており、Facebookが主導するリブラ協会でも2020年に暗号資産の一種、リブラを発行する予定である。

暗号資産は、日本円における**日本銀行**のように、中央集権的な発行主体や管理者が基本的には存在せず、ブロックチェーンと呼ばれる技術を活用し、ネットワークの参加者同士が相互に監視する事で運用されており、そのほとんどが発行上限枚数を定める事で価値が維持されるように設計されている。

現在、暗号資産全体の時価総額は約36兆4,000億円に上り、本邦においても投資対象として利用されているほか、量販店等での決済手段としても利用されている。一方で、政府によって裏付けされた法定通貨とは違い、市場の需要と供給でその価値が乱高下するといったリスクも存在する。このリスクを解消する可能性を持つのが、リブラ協会から発行される予定のリブラだ。

現在、世界では17億人が銀

行口座を持っておらず、そのうち10億人がスマートフォンを使い、5億人がインターネットに接続できる環境にあるとされている。また、上記に多く含まれる世界中の移民は送金手数料によって250億ドル（約2兆8,000億円）を失っており、この様な人たちに対する**金融包摂**を目的として、リブラ協会は設立された。

リブラ協会では当初、複数の法定通貨に裏付けられたステーブルコイン（安定した価格を実現するように設計された通貨）として発行を計画していたものの、「金融自主権を侵害される可能性」を規制当局が懸念していることを受け、単一の法定通貨に裏付けられた複数のステーブルコインを開発する計画に方針転換をした。例えば、あるリブラはドルに、別のリブラはユーロなどに裏付けられることになる。

また、当初の計画通り複数の通貨に裏付けられたステーブルコインの発行も考えているが、法定通貨に直接裏付けられるのではなく、新たに開発するステーブルコインに裏付けられるものとなる見込みだ。ビットコインに代表される暗号資産の様に、ブロックチェーンを基礎技術とする点では同じだが、法定通貨に裏付けされるリブラは、価値を安定させる事が期待できる。

リブラ協会では、メッセージアプリ「Messenger」や「Whatsapp」を通じて、テキストメッセージを送るのと同じ位、簡単・気軽にスマホからリブラを送れるサービスや、店舗や公共交通機関で日常的に利用されることを目指している。規制遵守のフレームワークを作成するため、各国の中央銀行と対話を進めている。

しかし、Facebookで過去度々情報漏えいが発生していることから、セキュリティー面での問題が指摘されており、今後は規制面やセキュリティー面において、どのような対策を取るかが問われる。

クラウド活用

企業が顧客向けサービス提供や社内業務において、データやアプリケーション等のコンピューター資源をネットワーク経由で利用する仕組み（クラウド）を活用すること。

クラウドとは「クラウドコンピューティング（Cloud Computing）」を略した呼び方で、データやアプリケーション等のコンピューター資源をネットワーク経由で利用する仕組みのことである。

クラウドが提供するサービスは、その構成要素に基づきIaaS（Infrastructure as a Service）、PaaS（Platform as a Service）、SaaS（Software as a Service）の3種類に分類される。IaaSは、コンピューターやストレージ、ネットワークなど、ハードウェアが持つ機能を提供するサービスである。PaaSは、アプリケーションプログラムを開発・実行するためのツールや環境（＝プラットフォーム）を提供するサービスである。SaaSは、ア

プリケーションプログラムが持つ機能を提供するサービスである。

また、クラウドはその利用形態によって、パブリッククラウド、プライベートクラウドの2つに大別される。パブリッククラウドは、不特定多数の利用者を対象として広く提供されているクラウドサービスを指し、AmazonのAWSやMicrosoftのAzureが該当する。プライベートクラウドは、ホスティング型プライベートクラウドとオンプレミス型プライベートクラウドに分かれ、前者はパブリッククラウドの環境内に顧客専用のクラウド環境を構築・提供するサービス、後者は顧客の自社内に構築されたクラウド環境を指す。

企業がクラウドを活用する

メリットとして、以下の4点が挙げられる。①システム構築の迅速さ・拡張の容易さ：サーバー等のハードウェアを調達する必要が無いため、システムの構築、容量を拡張する際の迅速性や拡張性に優れる②初期費用・運用費用の削減：自社で情報システムを資産として所有しないことで、初期費用や減価償却コストが削減される。また、保守運用をクラウド事業者に委託することができるため、保守関連の人件費も削減可能である③メンテナンス性の向上：セキュリティー対策（システムの最新化を含む）やシステムの冗長化・バックアップについてはクラウド事業者が行うため、自社サーバーで運用する場合に比べてメンテナンス性が向上する④利便性の向上：ネット環境があれば場所や端末に制約されることなく業務システムの利用が可能となり、従業員の利便性が向上する。

他方、クラウド活用には課題もあり、例えば次の2点が挙げられる。①セキュリティーの担保：クラウドサービスはネットに直接接続されたサーバー上にデータを格納するため、社内サーバーに格納する場合と比べ情報漏えいのリスクが高く、セキュリティーの担保が極めて重要である②カスタマイズ性の不足：クラウド上で提供されているサービスは、あくまで汎用的かつ限定的なものであるため、自社の実態に即したシステムを構築できない場合がある。

クラウドがわが国で注目を集め始めたのは、2009年頃からである。黎明期にはシステムダウンなどの障害が度々発生したが、2010年代半ばには信頼性も格段に向上し、企業への普及が進んだ。近年では、コスト削減や新規サービス展開を目的に、メガバンクを始め地方銀行やネット専業銀行等、複数の金融機関でクラウドの活用が進んでおり、今後の動向が注目されるところである。

オープンイノベーション

自組織だけでなく、他の組織や機関のリソースを活用し、異文化、異分野、異業種が持つ技術、アイデアを取り入れることにより、組織内部のイノベーションを促進する。

オープンイノベーション（open innovation：OI）とは、自組織だけでなく、他の組織や機関のリソースを活用し、異文化、異分野、異業種が持つ技術、アイデア、サービス、ノウハウ、データ、知識などを組み合わせることにより、組織内部のイノベーションを促進することである。

2003年に米国ハーバード大学経営大学院のヘンリー・チェスブロウ教授が、技術開発に関する概念の1つとして提唱した。

以前は、自組織内で研究者を囲い込み、研究開発を行うクローズドイノベーション（自前主義）が主流であったが、不確実性が増し、市場の変化が激しい現代において、イノベーションのスピード、コストの効率化が求められるようになった。

このため、イノベーションのスピードを上げるオープンイノベーションが注目されているのである。オープンイノベーションは、日本国内で徐々に広まっているが、世界と比較した場合、その実施率は低い。日本におけるオープンイノベーションの代表的な事例として、トヨタの「Woven City（ウーブン・シティ）」を挙げることができる。

トヨタは、異業種・異分野の技術・ノウハウなどを組み合わせたスマートシティ実現に向けた取り組みを推進する。今後は、競争力を強化していくため、オープンイノベーションを支える仕組み作りが求められる。

アジャイル開発

ソフトウェア開発におけるプロジェクト開発手法。多数かつ小規模に分割された機能の単位で開発工程を追加的に繰り返すことにより、柔軟かつ迅速な開発を可能とする。

重量ソフトウェア開発手法の代表とされるウォーターフォール開発は、全機能の同期を取りつつ、要件定義・設計・製造・テスト・リリースまでを順次実施する手法であり、幅広く活用されてきた。これに対して、軽量ソフトウェア開発手法から発展して2000年代に誕生したアジャイル開発は、多数かつ小規模に分割した機能の単位ごとに、要件定義からリリースまでの開発工程を「イテレーション（反復）」と呼ぶ繰り返しで行い、担当チーム単位で開発が進められるのが特徴である。

ウォーターフォール開発では、仕様変更により大前提が覆され、開発に大きなダメージが生じることが多いが、アジャイル開発では個別機能の開発が独立して完結するため、仕様変更による影響が少なく、開発期間の短縮が期待できる。また、開発中にユーザーからのフィードバックを受けながら仕様を固めていくため、ニーズに応えられる範囲が大きいこともメリットである。ただし、計画段階で基本的な機能・仕様や詳細な計画が決定していないことから「開発段階で設計思想がずれてしまう」、チームごとの開発のため全体進捗の把握が難しく「スケジュール管理の正確性を確保しにくい」等のデメリットもある。開発対象の分野や特性、人員の習熟度等を踏まえ、適切な開発手法を選択することが重要である。近年は大企業を中心にアジャイル開発の採用が増えている。

eKYC

KYC（Know Your Customer）は本人確認を意味する。インターネット等を利用した電子的（electronic）な手法による本人確認がeKYCである。

麻薬組織やテロリスト等の犯罪組織への資金供給を絶つことは国際的な課題となっている。わが国では、**犯罪収益移転防止法**（以下、犯収法）により、こうした課題に対応するため、金融機関等に対し厳正な本人確認や取引記録の保存、疑わしい取引の届け出義務を課している。

従来の犯収法による手続きは書類による送付を基本としており、手続きが煩雑であり、本人確認に要する金融機関のコスト負担も大きかった。

インターネットを利用した電子商取引が広く普及し、**キャッシュレス**時代を迎える中で、対面することなくオンライン上で本人確認を完結することが大きな社会的要請となっていた。

2019年11月に犯収法の施行規則が改正され、eKYCが可能となった。

新たに認められた本人確認の方法は①顧客が本人確認書類の画像と本人の写真画像を送信する②顧客が運転免許証等に内蔵されたIC情報（以下、IC情報）と本人の写真画像を送信する③顧客がIC情報または本人の容貌の画像を送信し、事業者が銀行等の事業者に顧客情報を確認する④顧客がIC情報または本人の容貌の画像を送信し、事業者が顧客名義の口座に少額の振り込みをする、である。

今後に関しては、通信キャリアや中古品買い取り業等のネット販売の際の本人確認の手段としても、eKYCが活用される可能性がある。

BaaS

BaaS（Banking as a Service）とは、銀行が提供する機能をクラウドサービスとしてAPIを経由して提供することを指す。銀行APIの開放でBaaSも普及しつつある。

「○aaS」は、○を**クラウドサービス**として、提供することである。ここで、クラウドサービスとは、スマートフォンやPC等を操作してインターネット経由で別のコンピュータが提供する機能を利用することを指す。

フィンテックが提供する会計アプリや資産管理アプリを使用する場合、銀行口座のデータを照会する必要がある。BaaSを利用すれば、利用者が各種アプリを操作することにより、ネット経由で残高情報の取得や資金移動が可能となる。

会計等のアプリが銀行のシステムにアクセスし、安全なデータのやりとりを可能にする仕組みが銀行API（Application Programming Interface）である。2017年5月に成立した**改正銀行法**では、銀行に対してAPI開放（オープンAPI）を努力義務として課した（施行は2018年6月）。こうした行政の後押しにより、わが国でも銀行とフィンテックが連携した与信の提供や家計簿サービスが登場し始めている。

しかしながら、現状のBaaSは関係者の当初に期待したほど普及していないようである。この背景としては、APIの利用料の価格交渉や提携者間のセキュリティー基準の策定に時間を要することが挙げられる。

加えて、API開放に際しセキュリティー強化のためシステムの手直しが必要となる場合があり、迅速なBaaSの普及を妨げている。

MaaS

ICTを利用してモビリティ（移動、Mobility）をクラウド化し、自家用車以外の交通手段による移動を1つのサービスとして捉え、シームレスにつなぐ新たな概念。

ある目的地に出かける場合、経路の選択、交通手段の種類、交通手段の運行状況の情報を調べ、計画を立てる必要がある。複数の交通手段を使用する場合、利用者はモビリティごとに予約や支払いを行う必要があった。

こうした、モビリティに関わる手間を無くすものがMaaS（Mobility as a Service、マース）である。MaaSのアプリを使用すると、出発地と目的地をアプリに入力すれば複数の移動経路が提案され、選択した経路に関わる予約や決済等の機能も統合されて提供される。

MaaSはフィンランドのサンポ・ヒエタネン氏が発案した概念であり、同氏がCEOを務めるMaaSグローバル社が事業化した。MaaSは北欧で先行して普及が進展し、わが国でも2018年にトヨタ自動車がソフトバンクとの合弁会社MONET Technologies社を設立した。同社は、MaaSシステム向けのAPIの提供や相乗り配車プラットフォームの実証実験に取り組んでいる。

今後、MaaSが普及した場合、移動手段の選別や自家用車の保有需要の減少などを通じて、自動車業界に構造変化が生じることが予想される。このため、自動車業界の取引先の多い銀行は、MaaSの動向を注視する必要がある。モビリティに関連したサービスを統合するMaaSは、決済やローン、保険等で金融機関に新たなビジネスチャンスを提供する可能性もある。

スーパーシティ

人工知能などの最先端技術を活用して地域社会の課題の解決を目指す関連法案が2020年5月に成立した。2021年には対象となる区域の指定が実施される予定である。

スーパーシティの狙いは、①大胆な規制改革と最先端技術の結集により、都市開発競争を巡る国際競争でフロントに躍り出ること②技術により地域の持つ課題を一挙に解決すること、である。

すでに、海外では未来都市（スマートシティ）づくりで先行している都市がある。先行事例と対比したスーパーシティの特徴としては、①個別分野ではなく生活全般の課題を解決すること②**ビッグデータ**を活用した先端サービスの提供を可能にするため、データ連携基盤が構築されること③2030年頃に実現される未来都市での生活を加速実現すること、が挙げられる。

スーパーシティ構想は政府内の有識者懇談会で検討が行われ、2018年11月に中間報告書が公表された。これを受け、当時の安倍晋三首相は構想を早期に実現するよう指示した。関連法案は規制緩和の手法を巡る調整に手間取ったものの、2020年5月に成立した。

スーパーシティの対象となる公募と選定の手続きは、新型コロナウイルス感染拡大の影響により、当初のスケジュールが先延ばしされているものの、2021年3月には5地域程度が対象区域の指定を受けるとみられる。

スーパーシティ構想の対象とする分野には金融も含まれている。**キャッシュレス**社会の早期実現やオンラインによる事務手続きの完結などについて、金融機関は一段と注力することが求められよう。

情報銀行

行動履歴や購買履歴等の利用者情報を伴う電子データを預かり、一元管理し、他の事業者に提供する事業者。得られた便益は、データ受領事業者から情報提供者に還元される。

1.求められる使命・特徴

情報銀行に求められる使命については、①個人(生活者)等の利用者データの安全な保管 ②各データを各利用者が所有することの明確化 ③データの利用者・利用方法の明確化 ④データの利用方法の明示的な選択・管理 ⑤データ利用で得られた便益の利用者への還元、の5つに分解することができる。

すなわち情報銀行には、利用者から預かったデータを、厳格なルールに則って安全に管理し、他の事業者に託して運用し、その利益を利用者に還元することが求められる。これは、預金を預かり厳格に運用し利息を還元する銀行業と似た性格を持つことから、「銀行」の名が用いられた。

2.個人情報管理重視の背景

Google、Amazon、Facebook、Apple等のインターネット上で各種サービスを提供する**プラットフォーマー**は、利用者の検索・購入・閲覧の履歴情報から、利用者の関心に基づく消費傾向を読み取り、それを他の事業者に提供することによって利益を得ている。すなわち、これらのマイクロデータは、膨大な利益の源泉となっている。

EU(欧州連合)は、利用者情報を一部の企業が独占することを問題視し、利用者情報を厳格に管理し利益を本来の所有者である消費者に戻すという方針を示し、2018年に消費者が自身の情報をコントロールする権利を侵した企業に制裁金を科すことを定めた。

情報銀行は、利用者の情報を預かり管理し運用し、それによる利益を利用者に還元する役割を期待されている。

日本では、2017年5月の改正個人情報保護法の施行に伴い、利用者データの本格的な流通が可能になり、利用者データの管理がより重要になった。これに伴い、情報銀行の整備が急がれることとなった。

3.日本での認定状況

日本では、情報銀行は、総務省・経済産業省が策定した基準に則して、民間の日本IT団体連盟（2016年7月設立）が認定する。認定は「通常認定」「P認定」の2種類。認定の有効期限は2年であり、2年ごとに審査がなされる。

通常認定は、情報銀行サービス実施中の事業者を対象とし、その計画・運営・実行体制が認定基準に適合し、今後改善が見込まれ、持続的に安全なサービスを提供することが認められるサービスになされる。2020年2月にDataSignの

paspitが認定された。

P認定は、情報銀行サービス開始に先立ち、計画・運営・実行体制が認定基準に適合していると認められ、サービス開始後に運営の改善が期待できるサービスに対して与えられる。P認定のサービスは、サービス開始後に通常認定を取得することが求められる。2019年6月〜2020年2月に三井住友信託銀行、フェリカポケットマーケティング、J.Score、中部電力の各サービスが認定されている。

4.発展のための課題

今後の発展のための課題として、第一に、利用者にとってのメリットをいかに明確にするかがある。情報銀行による収益還元が従来のポイントカード程度であれば、情報銀行は定着しない。

第二に、安全性確保の徹底が重要である。特に、データの目的外利用や再提供の禁止、データ漏えい防止をいかに徹底するかが重要である。

ビッグデータ

既存の社会で扱われているデータよりも、大量・高更新頻度・高多様性（多様な種類）の特性を有し、電子的に処理が可能な構造化されたデータのこと。

近年、ICTの進展やネットワーク高度化の実現によって、スマートフォンやセンサー等のIoTデバイスが急速に発達・普及している。これに伴い、現実空間の様々な物理的事象を電子データとして利用することが可能になっている。

総務省「平成29年版 情報通信白書」によると、ビッグデータは「オープンデータ」（政府等が保有するデータ）、「産業データ」（主に企業の暗黙知をデジタル化したデータや生産現場のIoT機器から収集されるM2Mデータ）、「パーソナルデータ」（個人との関係性がある広範囲のデータ）に分類される。

多様な社会問題の解決や革新的なサービス・ビジネスモデルの創出を図るために、ビッグデータの積極的な分析・活用が注目されている。

日本政府は、官民データ活用推進基本法や改正個人情報保護法等の法整備を進めており、ビッグデータ利活用の環境が整いつつある。一方で課題として「ビッグデータの整備・標準化」や「分析技術の確立」「**データサイエンティスト育成・確保**」「**サイバーセキュリティー対策**」「プライバシーの保護」が挙げられる。

今後、5G（第5世代移動通信システム）の普及で、ビッグデータの増加やAI（人工知能）活用のためのビッグデータの流通が予測されており、日本全体の生産性の向上・国民生活の質向上に向け、官民のビッグデータの活用が今まで以上に重要となる。

オンラインレンディング

顧客と銀行員が対面することなく、インターネット上で手続きが完結する融資。近年、口座の入出金情報をAIが分析、審査するローンが普及しつつある。

2018年11月に**犯罪収益移転防止法**施行規則が改正され、オンラインでの本人確認（eKYC）が可能となった。これにより、従来のように本人確認の関係書類を郵送等でやりとりする必要がなくなった。

本人確認を含め、ネット上で取引を完結する環境が整備されたことを受け、2019年前半に複数の大手行がオンラインレンディングの取り扱いを開始し、その後は、地方銀行の参入が相次いでいる。

オンラインレンディングの特徴は、財務諸表分析のみに依存せず、預金口座の入出金情報や利用者の評価が投稿されるサイトの評点などのデータを活用することにある。これらの情報と銀行がすでに取得している顧客情報をAI（人工知能）が分析し、コンピュータ上に構築した与信審査モデルにより融資の可否が判断される。決算書の提出が不要とされる場合もある。

中国では、個人情報を利用した信用格付けが普及し、個人向けの与信に活用されている。わが国の場合、ネット企業が個人を信用格付することに対する反発が強く、中国型の個人向けローンの取り扱いは困難となっている。過去を振り返ると、2000年代に中小企業向けスコアリング貸し出しが流行したものの、その後貸し倒れが急増し、多くの銀行が取り扱いを停止した。この経験を踏まえると、オンラインレンディングの成否を判断するには、ある程度の時間を要することになろう。

AIスコアレンディング

AI（人工知能）を活用し、幅広い情報をもとに、顧客の信用力、将来の可能性をスコア化し、融資可能な金額・金利を提示する個人向け消費性融資サービスのこと。

ICT・フィンテック

中国では、検索履歴・SNSの言動・ECの購買行動など数万項目を分析して、個人の信用スコアを算出し、スコアが高い人は企業や公共サービスの利用時に特典を得られる仕組みが浸透しつつある。日本でもいくつかのプレーヤーは同様のサービスを始めている。

AIスコアレンディングは、上記と同様に、スコアが高い人はより良い条件（融資可能金額・金利）で融資を受けられる仕組みで、銀行にとってはAIによる審査の自動化・即時化だけでなく、従来では融資できなかった低与信層にも融資の可能性が拡げられるメリットがある。これは、従来の銀行審査では重視されなかった項目（例えば、「人脈」「学歴」「趣味嗜好」「価値観」など）も活用することで「現状の信用力」だけでなく、「将来の可能性」を予測してスコア化しているためである。

このように、AIスコアレンディングでは、銀行の既存データだけでなく、多面的なデータを蓄積・解析することが肝となる。そのため、データ利活用の観点で優位性を持つ**プラットフォーマー**が参入を始めている。

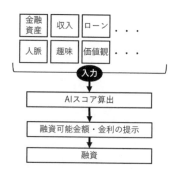

IoT

IoT（Internet of Things、モノのインターネット）とは、あらゆるモノがネットに接続され、情報が相互に交換される仕組みや、そのことより実現されるサービス。

あらゆるモノの動きをセンサーで計測し、得られたデータを分析することにより実現が可能となったIoTの代表的な事例としては、製造業における生産ラインの円滑な連携や不良品の選別の自動化などが挙げられる。

IoTの金融分野における実用化例としては、テレマティクス保険がある。これは、被保険者の自動車に取り付けた機器からドライバーの運転行動の特性や走行距離などのデータを取得し、ドライバーの運転の特性を評価し、保険料に反映させた保険商品である。

海外では、建物や家財をネットワークでモニタリングできるようにしたスマートホームと、損害保険を連動させるサービスを提供する動きもみられる。家をIoT化することにより、保険金の支払いを抑制することを狙っている。

融資分野では、2018年に西京銀行がIoTを活用し、延滞するとエンジンの起動が停止するマイカーローンの取り扱いを開始した。自動車の遠隔起動制御を可能にするIoTデバイスを利用した本ローンは、借り手に返済を促す効果があり、従来型のローンに比べ審査基準が緩和される。

IoTは、取引先の業況をリアルタイムで把握、管理することにも活用が可能である。2019年に、大手建設機械メーカーのコマツは、三井住友銀などと共同で、機材の稼働状況等の情報をIoTにより収集し、金融機能を提供する会社を設立している。

データサイエンティスト

数理統計、ITスキル、ビジネス分析の素養をあわせ持つ人材の呼称。AI活用の中核となるスキル人材として期待され、国家戦略の一環として育成が急がれている。

データ分析スキルを活用して問題の構造を解明し、課題の発見、解決の方向を見出し、ビジネス変革の起動的役割を担う人材のこと。

ビッグデータを解析することで新たな価値創造の可能性が増している。国家戦略である未来投資戦略でもデータ駆動型社会を進むべき姿としている。昨今では統計数理モデルやAI（人工知能）技術を組み込んだデータ分析ソフトが実用化されて、ビジネス面での知見がより重要となっている。

金融業界のデジタル化戦略において、その有用性と戦略性が評価され、人材確保と育成が急がれているが、専門人材の数は圧倒的に不足している。人事制度上の位置付けを明確化するなど、人材確保維持も大きな課題である。

データサイエンティストの具体的な役割機能

- 統一性の無い大量のデータ収集と利用できるフォーマットへの変換
- R、Python、SASなど幅広いプログラム言語によるシステム開発と保守
- 分析手法に関する最新動向の把握（機械学習、深層学習、テキスト・マイニングなど）
- 統計技法とデータ特性の理解（公的統計、各種調査結果など）
- 膨大なデータからパターンを発見し、最終目的実現に寄与する課題と解決方法の特定

ロボアドバイザー

ロボアドバイザーとは、いくつかの問いに答えると投資ポートフォリオの提案を自動で行ってくれるサービス。投資に対する心理的障壁が高い顧客の開拓ツールとして活用される。

ロボアドバイザーとは、一般的に顧客がオンライン上でいくつかの設問に答え、そこから読み取れる投資に関わる嗜好性から、投資ポートフォリオを提案するサービスを指す。当初は独立系のサービスとして登場したが、徐々に金融機関自身のサービスとして取り込まれ、両者間の連携も拡大している。日本でのサービスは基本無料でポートフォリオを提案するものだが、自動で資産の組み換えなどを行うサービスもある。

ロボアドバイザーは、人によるサービスではカバーしきれなかった少額投資層への付加サービス提供を低コストで実現するのに役立っている。投資未経験層が持つ投資への抵抗感を緩和し、投資家層の裾野を広げている。また、直接顧客にではなく営業担当者にアドバイスすることで、顧客提案の品質向上を促す取り組みもなされている。

「ロボ」という言葉が持つ先進的イメージに対し、実態は簡易な設問に基づくおおまかな提案に過ぎず、従来は営業上のスパイスにとどまることが多かった。しかし、資産運用プロセス全体の自動化サービスをうたう企業が台頭し、従来は投資信託や積み立てのみを行っていた層に利便性と明快さで新たに訴求しつつある。一方、高度化への寄与は限定的であり、より投資への関心が高い層には人と連携しつついかに付加価値のあるアドバイスを提供できるかがポイントとなっていく。

69

チャットボット

チャットボット（chatbot）は、人の質問に機械が文字や音声で自動応答するコミュニケーションサービス。金融取引がインターネットにシフトする中、導入企業が増えている。

金融機関によるチャットボットの活用方法には、社内向けと、顧客向けがある。

社内向けの活用方法としては、金融取引の手続きに関する照会や、人事関連の規定の照会に対応するヘルプデスクの業務の一部にチャットボットを導入する動きがみられる。

対顧客向けに関しては、2017年に大手米銀のCapital Oneが文字ベースのチャットボットのサービスEnoを開始し、翌年、Bank of Americaが文字と音声の両方に対応したサービスEricaを開始した（EnoはOneの逆、EricaはAmericaの一部）。邦銀でもほぼ同時期に顧客向けチャットボットの導入が始まった。具体的には、①Webの特定画面上に質問を入力するもの②銀行のLINEアカウントに質問をするもの、などがある。

チャットボットのメリットとしては、第一に電話よりもショートメッセージサービスの利用が多い若い世代に対するサービスを強化できることが挙げられる。第二に、利用者にとって問い合わせの心理的な負担が電話を使用する場合よりも軽いことが挙げられる。第三に、業務負担を軽減できることが挙げられる。

現在、米銀業界ではAI（人工知能）を活用したチャットボットのサービスで先行する大手米銀の競争力が高まっていると言われている。今後、わが国の金融業界においても、顧客向けチャットボットサービスを巡る競争が激化することが予想される。

国際送金の進化

「遅くて高い」などの批判があった海外送金に、低コスト化、多様化の動きが広がっている。銀行間送金の抜本的改善に加え、ノンバンクによるより速く安いサービスも始まった。

銀行を利用する海外送金については、かねてより、時間がかかる、手数料が高いといった批判があった。国際送金の分野は、長年にわたり銀行間の国際的な送金メッセージ（支払指図）の通信を担うSWIFTが独占していたが、より速く安いサービスを売り物に参入するノンバンクに対抗しSWIFTgpi（global payments innovation）を導入した。

これは、従来の国際送金の仕組みである「コルレス銀行業務」を抜本的に改革するもので、①国際送金の即日着金②手数料の透明性③送金の追跡可能性を達成するものである。gpiは2017年1月から稼働を開始したが、既に国際送金の半分以上がgpiで行われて

いる。gpiによる送金は、ほぼ全てが24時間以内に着金しており、これまでの国際送金（2〜4日）に比べると大幅な改善である。

ノンバンクによる参入例として注目されているのが、「分散型台帳技術（DLT）」を利用するリップル（Ripple）のプロジェクトである。DLTは、①不正取引や改ざんができない②システムダウンに強い③運用コストが圧倒的に安いというメリットがある。

リップルのプロジェクトでは、DLTを使って銀行と銀行が直接つながり、分散型台帳で情報を共有し、ほぼリアルタイムで国際送金が可能。既にわが国メガバンク3行を含む世界の大手行100行以上が参加を表明している。

ネオバンク・チャレンジャーバンク

ネオバンクは、銀行免許を持たず、既存銀行との提携を通じて金融サービスを提供する。チャレンジャーバンクは、銀行免許を取得し、アプリなどで金融サービスを提供する。

　ネオバンク（Neo Bank）は、自らは銀行免許を持たず、提携した既存銀行のプラットフォーム上に独自のインターフェースを構築し、金融サービスを主にスマートフォンで提供する企業を指す。2009年頃に米国を中心に広がり始め、代表的なネオバンクは、米国のSimple、Moven、Chime。

　一方、チャレンジャーバンク（Challenger Bank）は、自ら新規に銀行免許を取得し、スマホなどで金融サービスを提供する企業を指す。銀行から完全に独立した事業展開が可能。2010年代半ば頃から注目され、代表的なチャレンジャーバンクは、英国のMonzoやAtom、ドイツのN26など。

　ネオバンク、チャレンジャーバンクともに、無料または安価な利用コスト、高い預金金利、スマホ上で完結する利便性により、顧客数が増加。店舗が無くデジタル化で人件費が抑制できる点は強みだが、クレジットカード関連手数料、当座貸越利息、為替手数料などでどう収益化するかが課題。

　インドの調査会社Variant Market Researchによれば、ネオバンクとチャレンジャーバンクの市場規模は、2017年から2025年に年平均成長率45.8％で推移、2025年に3億5,600万ドルに達すると予測。日本では、HISがGMOあおぞら銀行のプラットフォームを利用してネオバンクに参入するほか、新生銀行グループは「ネオバンク・プラットフォーム」を提供し、ネオバンクとの連携を図るとしている。

サイバーセキュリティー

電子的・磁気的方式などで記録され、送受信される情報の漏えいや毀損などを防止する安全管理の措置。システムや通信ネットワークの安全性や信頼性を確保する措置も含む。

サイバー犯罪の脅威の深刻化や犯罪活動のグローバル化に対応するため、2015年にサイバーセキュリティー基本法が施行された。同年に発生した日本年金機構の情報漏えい事件を受け、2016年に改正法が施行された。

ネットバンキングを狙ったサイバー犯罪としては、①ユーザーのキー入力を不正に読み取る「キーロガー」②メールやSMS（ショートメッセージサービス）で偽サイトに誘導する「フィッシング」③利用者のパソコンを乗っ取り、不正送金を行う「マン・イン・ザ・ブラウザ」、などがある。これらの犯罪対策として、金融機関はワンタイムパスワードや、二段階承認の手続きを導入するなどの取り組みを行っている。

近年、金融機関に関わるサイバー犯罪が増加している。2018年1月に仮想通貨交換会社のコインチェックで多額の仮想通貨流出事件が発生、12月にはペイペイ、2019年7月にはセブンペイで決済サービスを不正に利用する事件が発生した。2020年には一部の銀行でドコモ口座を使用した不正引き出し事件が発生した。

従来、サイバーセキュリティー対策は、不正侵入の防御が中心であった。近年、不正侵入があり得ることを前提とした「ゼロトラスト」と呼ばれる対策が注目を集めている。行政のデジタル化を進める菅義偉内閣は、セキュリティー対策としてゼロトラストの導入を検討している模様である。

73

金融ISAC・CSIRT

金融ISAC（Information Sharing and Analysis Center）は、金融機関のサイバーセキュリティー連携組織。CSIRTは、各企業でサイバーセキュリティー対応を行う専門組織。

CSIRT（Computer Security Incident Response Team）は米国が発祥で、2001年頃から日本企業で設置が進み、2012年頃から金融機関でも設置されてきた。

2014年8月には、金融業界の**サイバーセキュリティー**情報連携のための組織として金融ISACが設立された。金融ISACの正会員は、国内に事業拠点がある銀行、証券、生保、損保、クレジットカード事業者、決済事業者で、2020年10月時点で417社にまで着実に増加している。他にアフリエイト会員（セキュリティーベンダー）が26社参画。米国の同様組織「FS-ISAC」（会員数約7,000社）と連携する。

金融ISACの活動は、ポータルサイトを通じた「攻撃元」「手口」「目的」「対策と結果」の情報共有、10種類のワーキンググループ活動、共同サイバー演習、レポート配信、ワークショップ、年1回の社員総会（アニュアルカンファレンス）が主である。

金融ISACは2019年4月に内閣サイバーセキュリティセンターの下に設置された官民連携のためのサイバーセキュリティ協議会にも参画している。**金融庁**からも「金融分野のサイバーレポート」が2019年と2020年に公表されているが、2020年は新型コロナウィルス感染に便乗したサイバー攻撃や偽のWebサイトでの口座情報の窃取による不正が発生しており、CSIRTの対応と業界内連携が望まれる。

TLPT

脅威ベースのペネトレーションテスト（Threat Led Penetration Test)は、実際に想定されるサイバー攻撃の脅威に基づいてシステム侵入を試み、対応力を検証するテスト。

通常のペネトレーションテストは汎用的な脅威を想定して実施される。これに対し、TLPTでは現実的な脅威を想定した上で実施される。

まず、Threat Intelligence Providerが想定される脅威を調査・分析する。その結果を踏まえ、Red Teamが攻撃を実施する。これに対し、Blue Teamが検知や防御を行う。これらの役割は、必要に応じて外部の専門機関と協力して実施する場合もある。

先進的なセキュリティー対策であるTLPTに関しては、2018年5月に**金融庁**が報告書を公表した。2018年10月にはG7のサイバー・エキスパート・グループが「TLPTに関するG7の基礎的要素」と題した文書を公表した。

サイバー攻撃の脅威の高まりや国際的な**サイバーセキュリティー**対策強化の潮流を受け、わが国の金融業界でもTLPTに対する関心が高まっている。具体的な情報を求める金融業界の要請に応え、2019年9月に金融情報システムセンターが「TLPT実施手引書」を公刊した。

金融庁は2018年に公表した「金融分野におけるサイバーセキュリティ強化 に向けた取組方針」のアップデートについての中で、大手金融機関に対し、海外大手金融機関のベストプラクティスや国際的な動向を踏まえ、TLPT等の高度な評価手法の活用を促している。今後、金融業界では、TLPTを導入する動きが活発化しよう。

ITガバナンス

経営者がITにより企業価値を創出するための、ITによる効果の実現及びITに関するリスク・資源の最適化の取り組み。企業経営におけるITの重要性が高まる中で注目されている。

ICT・フィンテック

ITガバナンスの国際標準フレームワークであるCOBIT（ISACA発行）では、ITガバナンスとは、ITによる効果の実現と、ITに伴うリスク・資源の最適化により価値創出を実現し、ステークホルダーの期待に応えることとされている。

一般に「ガバナンス」は「統治」と訳されるが、近年のわが国における企業ガバナンスの議論は、「**コーポレートガバナンス・コード**」（東京証券取引所）制定の趣旨にみられるように、企業の持続的な企業価値向上をその目的としたものとなっている。ITも、昨今の**DX（デジタルトランスフォーメーション）**の急速な進展により企業の経営戦略とIT戦略との一体化が進み、企業経営におけるITの重要性がさらに高まっていることから、企業価値創出のためのITガバナンスが注目されている。

金融業界においては、特にフィンテックにみられるデジタル技術によるイノベーションの進展を踏まえ、**金融庁**から「金融機関のITガバナンスに関する対話のための論点・プラクティスの整理」（令和元年6月）が公表された。

なお、DXが加速度的に進展する中で、「デジタルガバナンス」との概念が登場している（例：情報処理促進法改正による「デジタルガバナンス・コード」の制定）が、デジタルによる企業価値創出に向けた経営としての取り組みをその内容としており、本質的に「ITガバナンス」の概念と整合するものと解される。

CDO（最高デジタル責任者）

企業のデジタルトランスフォーメーションを推進する執行責任者。デジタルによるビジネスモデル変革、全社的なデジタルビジネスへの適応推進、組織の最適化等が主な役割。

CDOは欧米においては既に一般化した役職となっているが、近年、国内においてもCDOを設置する企業が増えつつある。**DX（デジタルトランスフォーメーション）** の推進にあたって、IT化を推進する役割である従来のCIO（最高情報責任者）とは別にCDOを設置する主な背景としては、DXが単なるIT化にとどまらないデジタルによる全社的なビジネス変革であることから、ITシステムの最高責任者であるCIOが通常及ばない権限が必要になることにあると考えられる。言い換えれば、CDOを設置する場合は、全社的にデジタル変革を推進することができる広範かつ強力な権限をCDOに付与することが重要となる。

一般に、DXを推進する役割を担っているCDO以外の役職としては、CEO（最高経営責任者）、COO（最高執行責任者）、CSO（最高戦略責任者）、CMO（最高マーケティング責任者）等のケースが存在しており、DXの推進にあたって必ずしもCDOの設置は必須ではなく、DXにより目指すビジネスの姿や、企業におけるDXの進展の状況等によってその推進役のあり方も異なる。CDOを設置する意義としては、全社的にDXを推進するリーダーを企業内外に明確に位置付け、強力に変革を推進するという点にある。

一方で、デジタルによる変革が企業の組織的能力や文化として根付いた状況では、独立した役職としては必ずしも必要がなくなるとも考えられる。

RPA

Robotic Process Automationの略。ルールエンジンや機械学習、人工知能などの認知技術を活用したソフトウェアで、定型的なパソコン作業などを効率化・自動化する仕組み。

RPAは、これまで人間にしかできないと想定されていた定型的なパソコン作業や、IT化するには費用対効果が見合わず手作業として残っていた業務を、ソフトウェアで効率化・自動化する仕組みである。人間の業務を代替できることから「仮想知的労働者」とも呼ばれる。

RPA導入のメリットには、①メールや表計算ソフト操作などの自動化で人的資源を有効活用できる②既存システムを変更しなくても導入できる③作業速度を大幅に向上できる④作業ミスを減らせる（作業品質の向上）⑤それらを通じた顧客満足度の向上が期待できる、などがある。

近年のRPAは、プログラミングを要せず、ユーザー部門の業務担当者のパソコン上での操作をシナリオとして記録することで、人が行っていた煩雑な操作、大量データを扱う業務等が簡易に再現可能となった点に特徴がある。

日本では、2017年頃にRPAの大ブームが訪れ、大手金融機関から導入が進んだが、現在は沈静化している。今後は、導入した企業での定着・活用拡大が進むかが鍵となる。

RPAの活用は、情報がデータ化されていることが前提となるため、ペーパーレス化の進展はRPAにとって追い風である。

また、将来的には人間の判断が必要な非定型業務の自動化も実現されると考えられており、人手不足の解消策としても活用が期待される。

ICT・フィンテック

ユニコーン・デカコーン

巨大な未上場スタートアップ企業のこと。伝説上の一角獣ユニコーンのように滅多に見られない10億ドル以上の価値を持つ企業をユニコーン、100億ドルクラスをデカコーンと呼ぶ。

ユニコーン、デカコーンとも、巨大な未上場スタートアップ企業のことで、ベンチャーキャピタリストが10億ドル以上の価値を持つ未上場企業を、ユニコーンと呼んだことに始まる。2020年10月時点で490社ある（CBInsight）。

これに対しデカコーンは、評価額が100億ドルを超える巨大未上場企業のことである。「デカ」は10倍を指し、ユニコーンの「コーン」と合わせた造語である。デカコーンになると、世界に26社しか存在しない。さらに、100倍を指す「ヘクト」と組み合わせ、1,000億ドル級の企業をヘクトコーンとも呼ぶ。日本でも人気の動画投稿アプリ「TikTok」を手掛ける中国のバイトダンスがこれにあたる。

ユニコーン、デカコーンには、インターネット関連のスタートアップ企業が多く、バイトダンスに次いで、中国の配車アプリ・ディディ、米宇宙開発のスペースXが名を連ねる。東南アジアでは配車サービス2強のグラブ（シンガポール）とゴジェック（インドネシア）がある。日本企業は現時点では見られない。

ここ数年、世界的な金融緩和でスタートアップ企業にも資金が流れ込み、多くの企業がデカコーンやユニコーンに育った。ただ、赤字企業も多いとみられ、株式公開に踏み切ったデカコーンの中には、米ウーバーテクノロジーズのように上場後に評価額が下がる会社も相次ぐ。投資家は過大評価に警戒しつつある。

全銀EDI

全銀EDIシステム（ZEDI）は、企業の資金決済事務の合理化のため、支払企業から受取企業への総合振り込みの際に支払通知番号・請求書番号のEDI情報を添付可能とするシステム。

EDIとは、Electronic Data Interchangeの略称であり、商取引に関する情報を企業間で電子的に交換する仕組みのことである。EDIには、受発注や請求などの商取引に関する情報を、電子データにより通信ネットワークを用いて企業間で交換・共有する仕組みである商流EDIと、受発注や請求などの商取引に関する情報を振り込み等に添付し、交換・共有する仕組みである金融EDIがある。

企業間では商品などの受け渡し時ではなく、将来の期日に代金を決済することが多い。このため、企業は決済のたびに売掛金の消し込み作業を行う必要があるなど負担になっている。金融EDIで、振り込みなどの決済情報と受発注など

の商流情報がシステムでひも付けされれば、受取企業は請求書など商流情報と結び付いた入金情報を取得できるため、消し込み作業の効率化等につながる。支払企業は受取企業からの問い合わせが減り、照会対応事務が軽減する。

実際に流通業界及び自動車部品業界が実施した金融EDIの実証実験においては、受取企業側において年間約400時間(中堅製造業)から約9,000時間(大手小売業)の、決済関連事務の合理化効果が確認された。こうした実験の結果等も踏まえ、**金融庁**の**金融審議会**は2015年12月、企業間の国内送金指図で使用されている電文方式を、固定長形式から、2020年までに国際標準であるXML（eXtensible Markup

Language）形式に移行することを提言していた。

これを受け、2018年12月、全国銀行協会及び全国銀行資金決済ネットワークは、全銀EDIシステム（通称：ZEDI）の稼働を開始した。

これまで総合振り込みの際に送信できるEDI情報は、固定長形式で20桁までと制限されていたが、ZEDIの稼動開始により、総合振り込みのデータ形式がXML形式に変わり、EDI情報欄に支払い通知番号や請求書番号、商取引に関する情報（商流情報）など、多くの情報を自由に設定・添付することが可能となった。

また、全国銀行資金決済ネットワークは、ZEDIの稼動に合わせて、その利用を普及していくため、「簡易XMLファイル作成機能」（Simple-ZEDI=S-ZEDI）を構築している。このS-ZEDIにより、ウェブブラウザ上の画面に入力することで、支払い通知情報や請求書番号などの金融EDI情報を添付した振込電文（XMLファイル）を簡易に作成できる。

2020年7月に閣議決定された「成長戦略フォローアップ」においても、ZEDIの利用推進がうたわれており、わが国の商取引情報及び決済情報のシームレスな連携が実現するIT社会の基盤として、ZEDIが定着するよう官民挙げた推進が行われている。

全銀EDIシステム（ZEDI）のイメージ

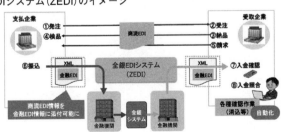

出所：全国銀行協会ウェブサイト

ギグエコノミー

ギグエコノミー（Gig Economy）は、インターネットを通じて単発の仕事を受託する働き方のこと。シェアリングエコノミーやクラウドソーシングの普及に伴い注目されている。

"ギグ"とは英語のスラングで、ライブハウスなどで行う1度限りの演奏のことを言う。ギグエコノミーの主な事例としては、クラウドソーシングを通じて受託する翻訳や商品デザインなどが挙げられる。インターネットを通じて個人が保有する遊休資産などを貸し出したり、共有するシェアリングエコノミー化や今回のコロナ禍により**テレワーク**環境の整備が進んだことで、ギグ化も進めやすくなった。

委託元と受託先のスキルや時間とのマッチングを行う企業や、両者間の契約管理を媒介しつつ、信用格付けや作業におけるトラブルの保険、料金の妥当性などを保証するサービスも現れている。

最近では、単純労働作業と高度なプロフェショナル作業などでも利用が始まっている。

金融機関としては、規制緩和が進む**人材紹介業**の一環として、営業地域内の人材不足の緩和に貢献できる可能性がある。自社の業務をギグ化すればイベントや繁忙時の人的支援を確保できるだろう。

一方、仕事を発注したり、受託するにあたっては長時間労働や業務上の事故対応、各種差別、社会との接触の欠如、そして賃金低下などマイナスの側面も指摘されている。発注する側、受託する側の双方で、ギグを活用する目的と運用方針を明確にする必要があるだろう。

また、顧客情報の保護や情報セキュリティーを徹底する仕組みも不可欠になる。

NPS

NPSとは「Net Promoter Score」の略で、顧客ロイヤルティーや継続利用意向を数値化した指標。インターネットを通じた個人向けビジネスを展開する企業での採用が増えている。

典型的な調査方法は、自社の製品、サービスなどを知人に薦める可能性を0〜10点で回答してもらい、その点数によって3つのグループに分類する。

9〜10点は推奨者(Promoer)としてロイヤルティーの高い顧客、7〜8点は中立者(Passive)として一応満足しているが、他社へ移行する可能性のある顧客、6点以下は批判者(Detractor)として悪評を広めるおそれのある顧客と分類する。推奨者の割合から批判者の割合を差し引いた数値がNPSである。改善施策前後の比較で効果確認することも多い。

NPSは収益性と連動するロイヤルティーを計測する指標として開発された。過去、現在の顧客評価を計測する顧客満足度調査と異なる点である。日本では回答が中間の5点に集まり、NPSが低くなる傾向があることには留意が必要である。

金融機関の顧客評価は金利、手数料、店舗ATMへの距離、担当者の折衝態度などに偏向するので、NPSはインターネットサービス改善などに利用されることが多い。ウェブや電話を使ったインサイドセールス、コンサルティングにおいて、NPSでアプローチ方法の改善を図る動きも増えている。

コロナ禍でリモートワークが進んだ一方、従業員のモラル管理が大きな課題となっているが、NPSの活用を図る動きもある。

Ⅱ 業務、サービス・商品

山口フィナンシャルグループが掲げる地域共創モデル

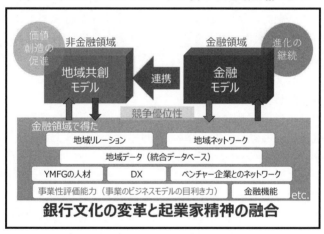

地域金融機関では、地域におけるエコシステムの構築、プラットフォーム機能を高めようとする動きが拡大している。

事業性評価

金融機関が、財務データや担保・保証にとらわれず、企業訪問や経営相談などを通じて情報を収集し、事業の内容や成長可能性などを適切に評価し、企業価値を高める取り組み。

1.事業性評価の考え方

政府は2014年6月末に「日本再興戦略」を打ち出した。その中で「企業の経営改善や事業再生を促進する観点から、金融機関が保証や担保等に必要以上に依存することなく、企業の財務面だけでなく、企業の持続可能性を含む事業性を重視した融資や、関係者の連携による融資先の経営改善・生産性向上・体質強化支援等の取り組みが十分なされるよう、また、保証や担保を付した融資も融資先の経営改善支援等に努めるよう、監督方針や金融モニタリング基本方針等の適切な運用を図る」との方針が盛り込まれた。

金融庁では、事業性評価について、個々の企業の事業性評価（いわゆる**目利き**機能）そのものというよりも、より広い視点で捉えている。対象企業の事業特性や成長可能性、競争環境等を踏まえ、金融機関がどこまで的確なアドバイスを当該企業に行っているのか、経営トップのコミットメントの下、本部はどのような態勢を構築しているか、営業現場は普段から企業とどういう接触をしているか——など、金融機関が企業の事業性を評価し、企業を支えるための態勢まで含め総体的かつ多面的に評価しようとしている。

事業性評価とは、一言で言えば、取引先企業の企業価値を向上させる取り組みである。また、「地域経済・産業にどのように関与し、支えていくかという金融機関の本来的な取り組みそのもの」とも言える。

いわゆる目利き機能やコンサルティング機能を包摂する、ダイナミックな概念でもある。

コロナ禍が内外経済に甚大な影響をもたらす中、金融機関は継続的に事業者の業況、実態をきめ細かく把握し、資金繰り支援を適切に行う必要があり、今こそ実効性のある事業性評価が求められている。

2.ベンチマークの策定

金融庁は2016年9月、金融機関自身の取り組みの進捗状況や課題などについて客観的に自己評価することが重要であるとの考えの下、2016年9月に金融機関における金融仲介機能の発揮状況を客観的に評価できる多様な指標（**金融仲介機能のベンチマーク**）を策定・公表。また、経済産業省は2016年3月、企業の健康診断ツールとして、6つの指標（財務データ）と4つの視点（非財務データ）からなるローカルベンチマークを公表し、事業性評価の入口（対話などのきっかけ）として活用が期待されている。

3.事業性評価の効果

金融庁金融研究センターは2018年9月、「金融機関による事業性評価の定着に向けた採算化にかかる分析・考察」を公表。以下の点を指摘した。

①事業性評価は、貸出残高や格付け改善の面において、銀行収益に一定貢献することが確認された。②事業性評価に精力的に取り組んでいる地域金融機関の共通要件としては、(ア) 銀行全体として達成したい「狙い」が明確にある (イ)自行の持っている強み・リソースに基づき、事業性評価の役割を定めている（ウ）ビジネスモデルを具体的に定めている（エ）変革の旗振り役が存在している（オ）試行錯誤しながら、長期的な取り組みを行っている。

以上を踏まえると、事業性評価ビジネスモデルの効果実現に向けては5、10年後を見据えた長期的な目線での取り組みが不可欠と言える。

目利き力

目利き力とは、金融機関における融資審査など企業支援に際し、企業の財務や担保・保証の有無だけでなく、企業の将来性や技術力などもあわせてみる力を指す。

コロナ禍、金融検査マニュアルの廃止、信用リスク増加などで企業を見る目である「目利き力」の重要性がますます高まっている。目利き力とは、金融機関における融資審査など企業支援に際し、企業の財務や担保・保証の有無といった定量面だけでなく、将来性や技術力といった定性面もあわせてみる力を指す。

金融庁は、成長が見込まれる有望な中小企業や新興企業などへの積極的な貸し出しを増やすため、企業の将来性を見抜く「目利き力」を養成するよう、金融機関に対して取り組みを促している。特に、人口減少や過疎化が進む地方において、地域活性化の観点からも、地域金融機関は、地元中小企業とのリレーション

シップの強化により、事業の将来性や技術力を見る眼を養い、積極的な資金供給機能が期待されている。具体的には、貸し出しなどファイナンス支援に加え、取引先企業に対する経営相談、コンサルティング、ビジネスマッチング、新事業展開の支援、**事業承継**支援とM&A、創業支援、廃業支援などが挙げられる。

従来の貸出ビジネスは、土地などの担保を重視したものが主流だったが、資金ニーズのある有望企業が将来見込まれる収益力の大きさに応じた貸し出しを受けられるよう、金融機関側も「目利き力」を高める動きが進んでいる。

金融機関は、財務情報を中心に事業内容や経営状況の把握を礎に、数字に表れないモ

ノやヒトの流れや経営者の考え方や業界動向などを含め、企業の事業内容や経営状況をより深く、正確に把握し、取引先企業の経営改善や生産性向上に資することができるように、職員一人ひとりの目利き力の向上に努めている。例えば、目利き力につながる技術力など事業や業界の見方、経営力や経営者の見方、担保保証に依存せず融資する勘所や、新規事業や創業支援、経営相談などが挙げられる。

もっとも、目利き力を身に付け企業に対してセールスやコンサルティングを行うのは容易ではない。金融機関の職員が、日進月歩のDXやバイオ、医療、先端素材などの技術や市場を理解するハードルは高い。個々人での能力差も大きい。研修などの人材育成や頻繁な訪問や面談などコストに見合った成果や収益が得られるかの観点も欠かせない。

実際、中小企業庁によると、金融機関における企業に対する経営支援上の課題として「担当者の育成、教育が不十分」「取引先の事業内容や業界に対する理解が不十分」「担当先が多すぎて個社ごとの経営ニーズを把握する時間が無い」などが挙がっている。

また、金融機関の経営支援に満足していると回答した中小企業は約3割にとどまり、頻繁な交代に伴う担当者の理解不足や、企業ニーズを十分に把握していない状況でのセールスなどに対する不満も挙がっている。このため、属人ベースでクオリティが一定でなく、費用対効果の問題もある人海戦術による目利き力向上によるセールスやコンサルティング活動に頼るのではなく、**ビックデータ**やAI（人工知能）などを活用し、**AIレンディング**など融資や企業支援のデジタル化を進めることで、安価で公平かつスピード感ある機械による融資審査や企業支援の向上を図ることも検討に値しよう。

デジタル通帳

紙の通帳を発行せず、インターネットバンキングやスマートフォン向けアプリによる電子的な方法で確認することができる取引明細。通帳レスサービス、Web通帳等とも呼ばれる。

紙の通帳を発行しない形式の個人向けの口座は、日本では1997年頃から取り扱いが始まった。背景には、ATMやテレホンバンキングの普及とともに、営業店に出向かず取引を行う顧客が増え、記帳が行われなくなったことがある。取り扱い当初は、「ステートメント方式」として、取引明細を月末ごとに顧客へ郵送する形式が一般的であった。

もう1つの背景として、盗難通帳・偽造印鑑等による預金の払い出し問題が社会的に問題視されたことが挙げられる。印鑑を取り違えることのないよう、通帳に印影を残しておく顧客が多く、盗難通帳をもとに偽造印鑑が作成され、払い出しが行われてしまう事案が相次いだ。預金者保護の流れが加速する中、集団訴訟となった際に、金融機関の過失を認める判断が下されることが増え、金融機関としても、対応は急務であった。

取引明細を送付する形式が一般的であった口座のあり方が大きく変化したのは、インターネットバンキングの普及によるものが大きい。ネットの一般家庭への急速な浸透に伴い、金融機関でも1990年代後半から、ネットバンキングのサービス開始・ネット専業支店の開設等が始まり、2000年には国内初のネット専業銀行が設立された。

顧客は自宅にいながら自由に自分の取引明細データにアクセスできるようになり、紙の取引明細は不要となった。こうしてデジタル通帳が一般

的な存在となっていった。

デジタル通帳の普及により、金融機関としても、取引明細の作成・郵送等のコストを大幅に削減することができた。さらに2000年代半ばのエコブームもこれを後押しした。デジタル通帳の推進は、環境に配慮した企業であることのアピールにもなったのである。

なお、ネットバンキング等で確認できる取引明細の照会可能期間は、当初1〜3カ月程度であったが、デジタル通帳の普及とともに徐々に延長され、現在では1〜2年程度とする金融機関が多くなっている。金融機関によっては、デジタル通帳であれば、通常の口座よりも取引明細照会可能期間が延長されることもある。さらに、預金残高のみであれば、SNSを使って、瞬時に確認できるサービス等も登場している。

こうしたデジタル通帳は、前述のような利便性向上に伴って普及が少しずつ進んでいるものの、サービスの提供開始から20年以上が経った今も、主流であるとは言い難い。

その理由の1つは、過去に開設された大量の通帳発行済み口座の存在である。通帳発行済み口座を持つ顧客の中には、現在は通帳をほとんど利用していない顧客も多数いると考えられるが、顧客にとって、デジタル通帳へと切り替えるメリットは薄い。こうした状況を踏まえ、デジタル通帳への切り替えに対し、ポイント付与やキャッシュバック等のキャンペーンを実施する金融機関も多い。

また、新たな口座開設時には原則としてデジタル通帳とし、通帳発行を希望した場合に手数料を徴求するといった対応をとる金融機関も現れた。

収益環境が悪化し、一層のコスト削減を迫られる中、金融機関にとって紙の通帳の削減は急務であり、今後の対応が注目される。

口座維持手数料

口座維持手数料とは、金融機関に預貯金口座を持っているだけで、毎月利用者に課される手数料である。普通預金などの決済性口座が対象で、一定の預金残高があれば免除される。

業務・サービス・商品

近年、金融機関における収益低下が進む中で、口座維持手数料の議論が高まりつつある。2001年頃、ジャパンネット銀行や東京三菱銀行（当時）など一部の金融機関で口座維持手数料が導入されたが、現在ではごく一部の金融機関を除き、廃止されている。

口座維持手数料は海外では一般的な制度であり、米国では大手行を中心に約4割の金融機関で導入されている。一般的な手数料水準は月額5〜20ドル程度で、一定の預金残高（500〜2,000ドル程度）があれば免除される。

日本における預貯金口座数は定期性口座も含めると約12億口座もあり、英国の約1億5,000万口座、韓国の約1億7,000万口座に比べても際立って多い。その最大の要因が、口座維持手数料が課されないために、気軽に口座開設ができるためであると言われている。日本では、使われず忘れ去られてしまう口座が多く、12億口座のうちのかなりの割合が不活動口座とみられている。使われないまま10年経過した「休眠口座（預金）」は毎年1,200億円も発生し、また、不活動口座は不正利用の温床になるリスクも大きい。1口座の維持・管理に毎年かかるコストは、通帳の印紙税200円やシステム費用などを含めると2,000〜3,000円程度とも言われ、金融機関にとって大きな負担となってきた。

口座維持手数料導入の議論は、こうした口座の維持・管理にかかる膨大なコストが金

融機関経営に大きな負担となっていることが背景にある。金融機関としては口座保有者に、預貯金口座を通じた様々なサービス利用に対しコストに見合った利用料を支払って欲しい、との思いがある。しかしながら、サービスに対して手数料を払う意識が十分定着していない日本では、導入が容易ではない。

利用者からの反発を恐れる国内金融機関としては、これまで口座維持手数料の導入に慎重な姿勢をとってきた。利用者向けアンケート調査等を見ても、口座維持手数料導入について容認するという回答は数％に過ぎない。こうした中、口座維持手数料導入に向けた第1歩とも言うべき注目される取り組みが始まった。

その1つが、りそな銀行が導入した「未利用口座管理手数料」である。最後の入出金から2年以上1度も取引が無いなど一定の要件に該当する普通預金口座に対し、年間1,320円（税込み）の手数料を課すもので、残高が未利用口座管理手数料未満になると自動解約となる。利用者の反発もほぼ見られないことから、多くの金融機関が同様の手数料の導入に踏み切った。また、みずほ銀行は2021年1月から70歳以上の利用者を除き、新規の口座開設者を対象に1,100円（税込み）の「通帳発行手数料」をとると発表した。

いまだ日本における口座維持手数料導入のハードルはかなり高いが、「未利用口座管理手数料」「通帳発行手数料」の導入が進むと、利用者側にも徐々に「口座利用者として相応の費用負担は仕方がない」という意識が定着する可能性はある。一方で導入するかどうかは、金融機関の競争力を左右する極めて重要な経営課題である。単に手数料収入の多様化という目先の議論ではなく、中長期的な経営戦略の中で、口座維持手数料導入の是非を検討する必要がある。

地域商社

地域の優れた産品・サービスの販路を開拓することで、収益を確保し、そこで得られた知見や収益を生産者に還元していく事業を営む会社。地域金融機関で設立が相次いでいる。

内閣府では、地域の優れた産品・サービスの販路を新たに開拓することで、従来以上の収益を引き出し、そこで得られた知見や収益を生産者に還元していく事業を「地域商社事業」としている。これまで、業務範囲を厳しく制限され、事業会社には原則5％しか出資できなかった地域金融機関に対して、出資を含む様々な形態で課題解決に貢献することが求められており、「地域商社事業」での地域産品等の販路拡大もその1つである。

金融庁は、2016年5月に**銀行法**を改正し、地域商社へ5％超を出資できるようにしたが、規定があいまいだったため、2019年10月に監督指針を改正。商品の仕入れ・販売や物流などを認めたが、製造や商品加工については事業範囲を限定した。地域金融機関が投資子会社を通じ地域商社に出資する際の規制についても、銀行法施行規則の改正で例外規定を拡充し、地元企業が参画する案件（地域経済の面的活性化に資する案件等）、銀行等以外の第三者が関与する案件、第三者の関与による事業計画が策定されている案件も40％までは出資が許容されることになった。

地域商社は、地域金融機関のノウハウやネットワークを活用して地域企業の課題を解決する業態であり、2019年末時点で、11地域銀行が地域商社を設置。今後、地域商社の事業が拡大すれば、結果として地域金融機関の経営にも寄与することが期待される。

プロ人材の紹介

取引先が必要とする人材確保の課題解決をサポートするため、金融庁が監督指針を改正。人材紹介業務を付随業務として、プロフェッショナル人材とのマッチングを強化した。

金融機関に対しては、健全性の観点から、原則として銀行業務以外の兼営を認めないという業務範囲規制が課せられている。

金融庁は2018年3月に監督指針を改正。人手不足問題が深刻化する中で、取引先企業が必要とする人材の確保をサポートし、地域経済の活性化に貢献するため、金融機関でも、職業安定法による許可を取れば、取引先企業に対して行う人材紹介業務は、付随業務に該当することになった。また、取引先から人材紹介の要望を受け、提携人材紹介会社を通じて人材を派遣した際に、地域金融機関が手数料を受け取ることが可能になった。

2019年12月に閣議決定された「第2期まち・ひと・しご

と創生総合戦略」の中で、内閣府は、「**地域人材支援戦略パッケージ**」を策定し、地域企業の経営課題の解決のため、地域金融機関が、地域企業の人材ニーズを調査・分析し、人材紹介会社と連携してハイレベルな経営人材等のマッチングを行う取り組みを支援する「先導的人事マッチング事業」を手掛け、地域企業の成長・生産性向上の実現を目指すことになった。

内閣府は、地方公共団体などと連携して、2015年10月に「プロフェッショナル人材戦略拠点」を45道府県に設置したが、今回、マッチング拠点を強化し、地域企業を「攻めの経営」へ転身させるため、地域金融機関の協力を得て人材供給を拡大する。

95

エコシステムの構築

エコシステムとは、企業や自治体、金融機関などが事業や商品開発で協力しあう仕組み。地域銀行などで異業種連携を通じてエコシステム構築を掲げる動きが出てきている。

エコシステムとは、企業や地方自治体、金融機関、NPOなどが事業や商品開発で協力しあう仕組みである。多種多様な業態の参加者から成り立つ「産業の生態系」とも言える。業種や業界の枠を超えた異なる立場の参加者が創意工夫し協業・分業することで、環境問題や社会問題など様々な課題を解決し、顧客サービスの向上や新たなサービスの創出を図るものである。

その中で、地域経済エコシステムとは、地域経済及び地域社会の活性化・持続可能性を高めるために、企業、金融機関、地方自治体などが、相互補完関係を構築するとともに、多面的に連携・共創していく仕組みである。地域経済において、人口減少や過疎化が進む中、**事業承継**や人材確保、高齢化社会、観光産業の振興、市街地活性化といった課題の解決が具体的な目的になる。実際、地域銀行などで異業種連携などを通じてエコシステム構築を掲げる動きが出てきている。

例えば、山口フィナンシャルグループでは、地域内の消費活性化を促進するためのエコシステム構築に向けたプラットフォームの展開を開始しており、地域で働く人の生活の豊かさ向上と経済規模拡大を図り、**地方創生**につなげていくことを目指している。また、ソフトバンクと共同でシニアを支援するエコシステムを構築し、地域のシニアが安心・安全・元気に暮らせる社会の実現を目指している。

地域通貨

特定の地域・コミュニティー内の消費促進や相互扶助等を目的として、当該地域・コミュニティー内に流通範囲を限定し、個人や組織間の決済手段等として利用される通貨。

地域通貨は、1980年代に世界各国で複数の通貨が誕生して以来、世界の様々な地域で盛んに取り組まれている。地域通貨には法定通貨とは異なり、目的にあわせて様々な形態、特徴を有するものが存在している。

例えば、ドイツの経済学者シルビオ・ゲゼル氏が提案した「減価する貨幣」の仕組みを取り入れた「キームガウアー」は、3カ月経過ごとに2%減価する特性を持っている。その特性によって通貨の流通が促されることで、地域内の消費を後押しし、地域ビジネスを促進する役割を果たしている。

日本では、1999年に政府が配布した「地域振興券」等をきっかけに、2000年代にかけて多くのコミュニティーで地域通貨が発行された。

ただし、発行・管理にかかるコスト負担や、ユーザビリティの悪さから利用が進まない等の課題を抱えていたため、サービス停止となるものが多く存在していた。昨今、技術革新やスマートフォン普及等の社会変化によって、前述の課題を解決した電子地域通貨も登場している。

例えば、飛騨高山エリアで流通している「さるぼぼコイン」は、**キャッシュレス決済**が普及する以前の2017年より、スマートフォンとQRコードを活用した電子地域通貨を発行し、多くの利用者の獲得に成功した。地域経済を支える手段として、多くの地域で活用が期待されている。

サブスクリプション

月額料金や年額料金等の一定期間の定金料金（利用料）で、契約期間中に利用者に対して定められた商品やサービスを提供するビジネスモデルのことである。

サブスクリプションは、従来は新聞・雑誌や牛乳等の商品の定期購読や定期購入のフロー型のビジネスモデルの意味で使用されていた。

しかし、近年はシェアリングエコノミーの台頭に伴う「所有から利用へ」の消費者の意識の変化や、インターネットビジネスの普及に伴い、一定期間中に定められた商品やサービスを定額で消費者に提供するストック型のビジネスモデルの意味で使用される機会が多くなってきている。

サブスクリプションの形式で提供される商品やサービスは、一般的に「サブスクリプションサービス」と称される。

サブスクリプションサービスは、大きく「デジタル系サービス」（動画、音楽、電子書籍、ゲーム、ソフトウェア等の定額配信サービス）と「非デジタル系サービス」（自動車、家具・家電、洋服、飲食、子ども用商品等の定額利用サービス）に分類される。

サブスクリプションの事業者のメリットとして、一定期間の契約による収益の安定や消費者の囲い込みができる点、消費者の利用実績の情報のマーケティングや新サービスへの活用等が挙げられる。

矢野経済研究所「2020サブスクリプションサービスの実態と展望」によると、国内の一般消費者向けのサブスクリプションサービスの市場規模は、2019年度は約6,385億円であり、2024年度には約1兆2,000億円の規模に倍増すると予測されている。

サプライチェーンファイナンス

企業間サプライチェーンに着目することにより、金融機関が低コストかつタイムリーな資金を供給する金融サービス。サプライヤーの中小企業の資金調達が円滑化される。

「購買-生産-販売」の一連の供給網（サプライチェーン）には、多くの企業が参加しており、グローバル化が進展する中でその構造は複雑化している。

こうした中で、サプライチェーン全体の競争力の向上に資する金融ソリューションが求められている。

ICT革命により登場した電子記録債権などとモノの動きを組み合わせることにより、新たな金融ソリューションがサプライチェーンファイナンス（Supply Chain Finance：SCF）である。

SCFは、リーマン・ショック後に欧米の大手銀行が資金調達に窮していた中小企業向けに開発を始めたとされている。近年は、フィンテック企業がSCFを提供する動きが活発化し始めている。

具体的なSCFの手法としては、発注書を電子化した上で資金化するPOファイナンス（Purchase Order Finance）や売掛金の電子記録債権の買い取りなどが挙げられる。紙の船荷書類等の送付により行われていた貿易金融においても、近年、貿易取引データを電子化して交換する貿易金融EDIの導入が進められつつある。

サプライヤーの中小企業はSCFを利用することにより、バイヤーである大企業の信用力を反映した有利な条件での資金調達が可能となる場合がある。加えて、迅速でタイムリーなSCFを利用することにより、経営力の強化を図りやすくなると考えられる。

企業再生ファンド

投資家から集めた資金を用い、出資や経営者派遣などを通じて経営不振に陥った企業を積極的に支援する投資ファンド。再建後に株式売却などを行うことで収益を投資家に還元する。

企業再生ファンドが登場したのは、1990年代の終わり頃である。外資系、国内大手証券会社系、国内独立系ファンドが続々と活動を開始した。他方、政府も政府系ファンドとして産業再生機構、企業再生支援機構、地域経済活性化支援機構を相次いで設立した。

投資対象は経営不振の企業であるが、「本業の収益力が高い」「優れた技術やノウハウを持っている」ことが前提となる。設立したての企業に投資するベンチャーキャピタルやある程度軌道に乗り出した企業に投資するバイアウトファンドとは区別される。

事業再生では過剰債務の減免、資金調達方法の見直し、不採算事業の売却、営業手法の改善などで対象企業を利益の出る状態にする。株式を買い占めて経営陣に株主還元を迫るアクティビストファンドとは違い、自らも投資先の役職員と長期的な企業価値の向上を目指す。対象企業の再生後は、株式売出し、他社への株式売却、他投資ファンドへの売却、MBOで投資資金を回収、投資家に利益を還元する。

新型コロナウイルスの影響で経営難に陥った企業は急増するとみられており、企業再生ファンドの役割は一層強まっている。官民ファンドの**地域経済活性化支援機構（REVIC）**は、経営難に陥った地方旅館や医療機関を支援・再生するファンドを立ち上げた。官民・地域一体で長期的な立て直しを目指す動きが高まると予想される。

プライベートエクイティー

プライベートエクイティー（Private Equity）は、非上場企業を対象とする投資の総称。市場を通さず、関係者間の私的な売買であることが名称の由来になっている。

業務、サービス・商品

投資家はリミテッドパートナーシップ形態でファンドを組成し共同出資者を募る。ベンチャーキャピタルは主にベンチャー企業を対象とするが、プライベートエクイティーの対象は、事業基盤が存在する非上場企業である。

株価上昇が見込まれる企業への投資のみならず、投資先の経営にコミットして積極的に企業価値を高め、株式上場や有望企業を対象とする経営陣による買収（MBO）で高リターンを狙う。近年、リスク性資産への分散投資が不可避となり、プライベートエクイティーへの投資が注目されている。

銀行は企業への融資のみでなく、株式保有もするプライベートエクイティー同様の役割も担ってきた。ところが、コーポレートガバナンス強化のため、政策保有株式が課題となり、金融規制や資本効率重視の要請でプライベートエクイティーとの関係が規制されるようになった。米国では2010年に成立したボルカー・ルールで銀行の自己勘定投資、プライベートエクイティー投資が禁止され、投資額が減少した。

しかし、世界的な低金利により、各国年金運用者や金融機関、機関投資家の資金運用が困難を極めていることから、プライベートエクイティーファンドによる投資額は2012年より増加に転じた。2020年に米国では、条件付きながら一般投資家が年金などを利用してヘッジファンドや未公開株に投資できるようになった。

経営者保証

中小企業などが金融機関から融資を受ける際、経営者が企業の債務返済を保証すること。2020年4月、これまでの弊害を是正する民法改正法案が施行された。

　中小企業などが金融機関から融資を受ける際、経営者やその家族など個人が企業の債務返済について保証することが一般的に行われている。金融機関の立場から見れば、経営者の経営責任を明確にする狙いがあり、債権回収の確実性を高める効果がある。

　しかし、借り手が事業などに失敗した場合、個人保証があると経営者や家族に返済義務が及び、成長が期待できる事業を計画している経営者であっても、借り入れをためらうことが少なくない。このことが、中小企業の活力を阻害しているとの指摘が以前からなされてきた。

　2020年4月1日に施行された民法改正法案では、経営者や、経営者と一定の関係にある者（取締役や従業員として籍を置く配偶者など）以外の第三者による個人保証は原則的に無効とされた。また、債務の保証を個人に依頼する時は、契約締結段階、保証債務履行前の段階、期限の利益喪失段階の3段階で、主債務者や債権者に情報提供義務が課せられるようになった。

　2014年2月から先行的に適用が始まった経営者保証に関するガイドラインの成果は既に着実に表れており、2019年度における政府系金融機関の新規融資に占める経営者保証に依存しない融資割合は、件数で39％（前年度36％）、金額で55％（同53％）に達している。件数、金額のいずれも単年度当たりの割合は増え続けている。

M&A

M&Aとは、Mergers and Acquisitionsの略であり企業の合併・買収を指す。M&Aは、企業や事業の経営権を移転させる事であり、部門売却や営業権の譲渡なども含まれる。

M&Aには、株式譲渡・新株引受・株式交換、事業譲渡、合併、会社分割など様々な手法がある。買い手側は、事業をそのまま引き継ぐことで新事業立ち上げに伴う時間的コストを削減できる。また、既存事業を買うことにより収益やリスクの予想がしやすく、人材や技術の確保で短期的に企業の業容を拡大できる。

売り手側は、創業者利潤の獲得に加え、不採算部門を切り離すことで経営資源を戦略部門に重点投入できる。

中小企業庁によると、今後10年間に70歳を超える中小企業経営者245万人のうち、約半数が後継者未定とされ、**事業承継**が問題となっている。M&Aは、後継者対策の切り札となり、会社存続だけでなく、社員の生活が守られることにもつながる。

メガバンク、証券会社、M&A専門会社、地方銀行などは、対象企業の選定から買収方法の選択・実行だけでなく、買収先企業の経営者や株主との折衝などの下準備、買収資金の調達方法の選択なども含めた、一連のプロセスを総合的に提供することで、手数料収入を得ている。例えば、三菱UFJ銀行は東京・名古屋・大阪にM&A専門スタッフを配置し、三菱UFJモルガン・スタンレー証券と協働の上、提供している。**日本銀行**の低金利政策で利ざやが縮小する中、数少ない有望分野としてメガや地方銀行は手数料収入だけでなくM&A資金の貸し出しにも取り組んでいる。

事業承継

事業承継とは、会社の経営を後継者に引き継ぐことを言う。銀行や証券会社では事業承継ビジネスを強化しており、事業承継に係る不動産仲介など規制緩和要望も出されている。

事業承継には、①親族内承継②親族外（役員や従業員など）承継③M&A——の3通りがある。中小企業経営者の高齢化と後継者難が深刻化しており、事業承継税制の特例が創設されるなど税制面での対応も行われている。

特に、事業承継時の**経営者保証**が後継者候補の確保の障害となっている。中小企業庁によると、新規融資で経営者保証の無い割合は、政府系金融機関平均が36％、民間金融機関平均は19％にとどまっている（2018年度）。また、中小企業基盤整備機構によると、事業承継を拒んだ後継者候補のうち経営者保証を理由とした人は、59％に上っている（2016年度）という。

このため、中小企業庁では、金融機関と中小企業者の双方の取り組みを促すため、2020年4月より、事業承継時に一定要件の下で経営者保証を不要とする新たな信用保証制度を創設するとともに、専門家の確認を受けた場合、保証料を大幅軽減する施策を導入した。

同年10月には「中小企業成長促進法」が施行された。他の事業者から事業用資産や株式を取得して事業承継（第三者承継）を行う者が、経営者保証が無くてもM&A資金の調達を行えるための保証制度も設けられた。事業承継の円滑化による廃業リスク回避や、中小企業の事業継続の後押しが期待されている。

西中国信用金庫では、山口県などの専門機関と連携し、地元取引先に対して、事業承

継時に経営者保証を不要とする信用保証協会の保証制度を活用している。また、同資金は萩山口信用金庫、東山口信用金庫、信金中央金庫、信金キャピタルとともに「山口県しんきん事業承継パートナーシップ」を締結し、全国の信用金庫を対象にしたM&Aプラットフォーム「しんきんトランビプラス」を活用することで、取引先の事業承継支援を連携して強化している。

中国銀行では、グループ会社に専門部署を新設し、経営課題を抱えている企業に対して、事業計画の策定から5年程度にわたり伴走型で支援することで、事業承継やM&Aの際に円滑に進むようにするという。

銀行や証券会社では、①後継者対策②自社株対策③相続対策を柱に事業承継ビジネスを強化している。後継者対策では、早い時期に後継者を決め自社株の計画的な売買・贈与などにより後継者に移転する必要がある。自社株対策では、非上場企業株式で高い評価となる場合には、自社株の評価額引き下げ対策が必要となる。相続対策では、経営者に相続が発生した場合、自社株の評価額が高くなり多額の相続税が発生したり、相続人の間で自社株が分散し経営基盤が不安定になるため、遺言などで後継者に自社株が集中する対策が必要となる。

事業承継では、不動産売買や遊休地の有効活用など不動産を含む総合的な金融サポートニーズも高まっており、これら不動産仲介業務を銀行本体でできるようにすることも検討課題として挙げられよう。

また、事業承継では株価算出、相続税額・贈与税額の算出が必要となるが、規制上、銀行は相談を受けても対応ができない。税理士資格を有する銀行員が税理士業務を行えれば、銀行でスキーム提案、クロージングまでをワンストップで対応可能となり、規制緩和要望が出されている。

PMI

M&A成立後に行うべき統合プロセスのこと。事務手続きの共通化、評価制度の見直し、情報システムの刷新はもちろん、企業文化のすり合わせや従業員のモチベートなども含まれる。

PMIとはPost Merger Integrationの略で、M&A後の経営統合プロセスを意味する。「ポストM&A」と言い換えられることもある。

M&Aが期待した効果を発揮するためには、M&A取引の検討から契約まではもちろんだが、その後のPMIで成否がわかれる。PMIで行うべき領域は多岐にわたる。ビジョン・ミッションなどのコーポレートアイデンティティの再定義に始まり、経営計画の見直し、決算・会計システムの統合、稟議等のワークフローの再構築、事業用ITシステムの統合、人事評価制度の刷新が代表的なものだ。単に事務的、機械的に統合を進めれば良い訳ではなく、2社の経営陣・従業員の価値観を理解しながら、対話を繰り返し、不安を払しょくしながら進めなければいけないのがPMIの難しさだと言われる。

PMIの範囲は明確に定義されているものではないが、一般的に統合後の最初の100日が最も重要と言われており、M&Aアドバイザリー・仲介会社各社は「100日プラン」等と称してPMIを支援するサービスも提供している。これらの支援機関と売り手企業、買い手企業の経営陣やキーマンでプロジェクトチームを結成して取り組まれることが増えている。

PMIは今後5年、10年と企業が存続していくための土台になるものであり、M&A成立件数の増加に伴い、その重要性が再認識されている。

法人の終活と金融機関による支援

法人の終活とは、株主でもある経営者が事業承継や廃業等によって会社を手放す準備をすること。社会問題の解決と経営者サポートの両面で、金融機関の支援が期待される。

法人の終活は一般的に、**事業承継**や**M&A**によって会社の存続を図る積極的終活と、最低限債権者に迷惑をかけないよう廃業や清算に至る手仕舞い的終活とに大別される。いずれのケースにおいても、業績の悪化などによって追い込まれて仕方なく行動を起こす前に、適切な判断を下すことが大事である。なお、倒産・破綻といった最悪のケースは、終活の失敗例と言える。

多くの中小企業が、後継者不在のまま廃業予備軍となっている社会問題の解決を助け、また経営者が豊かな引退生活を送れるよう、金融機関がこの終活を支援する意義は大きい。そのためには、これまでの金融取引を軸にした取引に加えて、地域やビジネス情報、商流への影響を及ぼす国内外の政治・経済情報、またM&Aに関する情報やそれに伴う税務、法務の情報など、進退の判断を下すために必要な情報を提供することも求められる。

さらに金融機関は、客観的で第三者的な視点で、取引先の経営者の力量や事業への意欲、事業上の特性などを見極め、その会社の持つ有形無形の資産も勘案して、将来的な企業価値（Valuation）の算定をアシストする必要がある。このような判断の材料を提供し、その価値が相応に大きければM&Aも含めた広義の事業承継を勧め、もし現在の価値以上の見通しが立たなければ、早期に廃業や清算を勧めることになるのである。

セーフティネット保証

国の信用保証制度のうち、一般保証と別に、経営状態が悪化した中小事業者の借り入れを、一定の条件の下で保証する制度。業績悪化業種の企業を対象とする5号が中心となる。

1.種類・保証対象

中小企業信用保険法第2条第5項では、苦境の原因に基づき以下8つの信用保証制度を定めている。1号：連鎖倒産、2号：取引先企業のリストラ等、3号：事故等の災害、4号：自然災害等、5号：業況悪化業種に属す、6号：取引金融機関破綻、7号：金融機関の貸し渋り、8号：整理回収機構への貸付債権譲渡。うち5号措置は、国の指定する業況悪化業種に属し、直近3カ月間の売上高等が前年比5％以上減少したか、製品等原価の20％を占める仕入れ価格が20％以上上昇したが製品等価格に転嫁できない中小企業者で、市区町村長の認定を受けた者を対象とする。

またコロナ禍に関しては、直近1カ月と今後3カ月の売上高等が前年比20％以上減少する中小事業者を対象とする4号措置がある。

保証限度額は、「普通保証2億円以内＋無担保保証8,000万円以内＝合計2億8,000万円以内」である。信用保証協会の保証割合は、原則融資額の100％である。

2.近年の動向

100％のセーフティネット保証は、金融機関のモラルハザードを生むとして、信用保証協会が融資額の80％を保証し20％は金融機関が保証する責任共有制度による一般保証に集約することが企図されてきた。この結果、100％保証のセーフティネット保証の比率は低下してきたが、コロナ禍により再び急拡大した。

資本性劣後ローン

倒産した際の弁済順位が一般債権より劣後する扱いとされるローン。資本的な性格を有するため、財務分析の際には自己資本としてみなされる。

業務・サービス・商品

金融庁は、資本性劣後ローンの要件を総合的な監督指針等の中で公表している。具体的には、①償還条件について、契約時における償還期間が5年を超え、期限一括償還又は同等に評価できる長期の据置期間が設定されていること②金利設定について、資本に準じて配当可能利益に応じた金利設定となっていること③劣後性について、法的破綻時の劣後性が確保されていること、である。

資本性劣後ローンは貸借対照表上には負債として計上されるものの、金融機関の評価に際しては資本として扱われる。原則として、期日一括返済であり、金利は業績連動である。通常の融資に比べ、回収リスクは大きい。

日本政策金融公庫では東日本大震災後に本ローンを取り扱う制度を導入し、新型コロナウイルス対策に対応した制度も創設した。

民間銀行では、財務体質の脆弱な中小企業の長期資金のニーズに応える手段として、資本性劣後ローンの取り扱いが増加している模様である。

新型コロナウイルス感染拡大の影響により経営が悪化した企業向けの資金調達手段として、保証協会保証付きの制度融資に加え、プロパー資金を資本性劣後ローンで提供する銀行もある。

従来、借り手は中小企業であったが、最近、大手外食企業が資本性劣後ローンを利用した。今後は、大企業による利用も拡大しそうである。

知財金融

著作権や特許権などの知的財産を担保にして融資する手法。土地、動産などを保有しないIT企業などの新興企業向けの融資手法の1つである。

知的財産と言われる権利のうち、融資の担保となり得るものは、法律的に権利が確定しており、担保権の設定が可能で、権利が譲渡可能、換金性があり、その権利を用いて現に事業を行ってキャッシュフローを生み出していることである。

これらの要件を満たし、知的財産担保融資の対象となっている権利としては、プログラム、音楽などの著作権、意匠権、工業所有権、各種特許権などが挙げられる。

融資手法としては、これらの知的所有権を使用することによって生み出される将来キャッシュフローを現在価値に割り引いて融資を行うことが多い。

将来の収入などの予測は困難だが、知的財産権を担保とするためには、債務不履行の際の担保処分価値を算定しておくことが必要である。

融資の対象は主にIT企業やベンチャー企業などで、一定の開発成果を上げてキャッシュフローを生み出すような知的財産を取得した後、株式公開など、次のステージへ進む際に担保不足を補うために利用されることが想定されている。

特許庁では2015年度より、中小企業の知財活用促進のため、「中小企業知財金融促進事業」を実施している。

現在では、同庁ホームページで「知財金融ポータルサイト」を設け、知財金融の公募を行うなど取り組みを強化している。

ABL（動産・債権担保融資）

「Asset Based Lending」の略。借り手の事業活動そのものに着目し、企業が事業上保有している機械・設備、売掛債権、在庫など様々な資産を担保とする融資手法。

ABLとは、売掛債権、在庫など、現金へ転換される可能性のある資産（事業収益資産）を担保として、その一定割合まで融資する手法である。これにより、不動産、個人保証などに依存しない新規の融資枠が設定される。

金融庁では、金融機関によるABLの積極的な活用を推進するため、2013年2月に「ABLの積極的活用について」という資料を公表し、金融検査マニュアルの運用の明確化を図っている。

この中で、「自己査定基準」における担保掛け目の明確化が図られ、「在庫」などの動産担保の掛け目は評価額の70％、売掛金は80％と水準が設定された。

東京都では提携金融機関からABLによる借り入れを行う際、必要な借入経費（保証料や担保物件の評価費用等）の一部を補助する制度を設けている。同制度では固定資産、売掛債権・在庫などの事業資産を担保物件として利用でき、最大2億5,000万円、長期資金は最長7年間、売掛在庫担保では1年間の借り入れができる。

ABLの残高は、2018年3月末時点で約2兆5,000億円程度と推計される。金融機関の業態別では、地方銀行がそのうちの約1兆1,000億円（45％）を占め（経済産業省：企業の多様な資金調達手法に関する実態調査2019年2月）、中小企業の経営改善、事業再生、新規分野への進出等のための活用が期待されている。

リバースモーゲージ

年金制度の一種で、「逆抵当融資」「住宅担保年金」を意味する。自宅などの居住用資産を担保に借り入れし、債務者の死亡時に担保物件を処分して融資金を返済する仕組み。

　リバースモーゲージ利用者は、生存中に自宅を手放すことなく生活資金を借りられる。年金だけでは不足する生活資金の補てんや高齢者施設入居費用への充当など、自宅を子どもに残す必要が無い場合には、老後を豊かにする手段として有効である。高齢化が進む中で注目度は増している。

　同制度を利用する場合、担保資産の評価額で借入可能額の上限が決まる。当初は担保物件を大都市圏に限定する銀行が多かったが、地域金融機関の取り扱い拡大で対象地域が広がり、2016年4月の熊本地震被災者の住宅再建支援でも活用された。

　利用上の留意点として、金利や担保価値の変動リスク、長生きリスク（借入金を年金方式で受け取る場合、長生きして融資金の合計が担保評価額を超えると、その後の融資が受けられなくなる）がある。

　最近では、先行して本制度に取り組んだ東京スター銀行（2005年に民間金融機関で初めてサービスを開始。2020年4月時点で国内シェア第1位）などが、蓄積したノウハウを生かし他の金融機関の支援を展開しているほか、外部の不動産事業者と連携する動きもみられる。

　担保物件の売却価格が残債に満たない場合、相続人が返済する必要があるが、住宅金融支援機構の保険付き商品は、相続人に残債の支払いを求めないノンリコース型が主流で、提携する複数の金融機関が積極的に導入し始めている。

クロスボーダーローン

日本国内の金融機関・営業店から、海外の現地法人に直接融資を行うこと。「現地貸し付け」とも呼ばれ、数年前より、特に地域金融機関による取り組みが活性化している。

従来、日本企業の海外子会社（現地法人）の資金調達は、親会社が日本で国内の金融機関から融資を受け、その資金を現地法人に転貸する「親子ローン」（円建てのケースが多い）や、親会社の日本での取引金融機関が、現地で提携する海外の金融機関宛に債務保証することで融資を受ける「スタンド・バイ・クレジット」（信用状）が一般的だった。

しかし今日では、国内の金融機関から、現地法人へ直接融資をする「クロスボーダーローン」が増加傾向にある。

クロスボーダーローンの利点は、現地法人が日本から直接、日本の安い金利で資金調達できることである。さらに、国内の親会社にとっては、親会社単体の貸借対照表に影響が無い、親子ローンと違い転貸事務が必要無い、地域によっては現地通貨建てでの融資も受けられ為替リスクを回避できるなどの利点がある。

メガバンクは、O&D（オリジネーション＆ディストリビューション）ビジネス強化の一環で、収益性の高いクロスボーダーローンの組成・販売を強化してきた。

地域金融機関は、現地での貸出先のモニタリングや、相手国の規制・制度の理解の難しさなどが取り組みのハードルとなっていた。しかし数年前より、アジアなどでの現地通貨建ての資金需要の高まりや国内での運用環境の悪化を受け、クロスボーダーローンのスキームを整備・実行するケースが増えてきている。

業務・サービス・商品

ノンリコースローン

貸出金の返済原資を当該事業から得られるキャッシュフローや当該物件の処分代金に限定し、その他の資金を返済原資としない貸出形態のこと。一般貸し出しに比べ金利が高い。

リコースとは遡求権ないし償還請求権のことであり、ノンリコースとは当該債権以外には遡求権が無いことを意味する。一般の銀行貸し出しでは、貸出対象の事業からの返済や担保処分による弁済が債権額に満たない場合には、その他の資金による返済を求める。他方、ノンリコースローンの返済原資は当該事業のキャッシュフローと当該物件の処分代金に限定され、債務者は他資金により返済する義務は無い。ただし、資金の再調達が困難となる場合がある。

ノンリコースローンは主に資源開発や大型設備建設などのプロジェクトファイナンスで用いられるほか、証券化を前提とする商業施設・賃貸住宅向け貸し出し、不動産投資向けファンドなどへの貸し出しにも活用されている。サブプライムローン問題によって米国の住宅ローンの多くがノンリコースローンであることが知られるようになった。

ノンリコースローンでは返済原資が当該事業に限定されているため、債権者にとっては与信リスクが高い。従って、銀行など債権者には対象事業のリスクを適切に判断できる十分な知識と能力が必要である。また、与信リスクに応じて、一般貸し出しより高い貸出金利を設定するのが通例である。ノンリコースローンでは、当該事業の資金収支や責任範囲を明確にするため、事業者が出資して設立した特別目的会社に貸し出しをするスキームも活用されている。

ニンジャローン

日本市場において、資金調達を行う海外企業に対し、複数の国内金融機関が資金の出し手となるシンジケートローン。クロスボーダーシンジケートローンとも呼ばれる。

わが国のシンジケートローン市場は、1990年代前半まで皆無の状況であったが、日本版ビッグバンが開始された頃から急拡大するようになった。

最初のニンジャローンは、2005年にみずほコーポレート銀行が主幹事となった総額約1,000億円の案件であるとされる。「ニンジャローン」という名称も、同行の創案によるものであるとみられる。

その後、米国でサブプライム危機が発生した。不動産バブルの局面で実行された乱脈融資は無収入（No Income）、無職（No Job）、無資産（No Assets）の頭文字を取り、NINJA Loanと呼ばれている。英語のニンジャローンは、もっぱらこの意味で使用されている。

強力な金融緩和策としてゼロ金利が導入された結果、日本国内企業向けのシンジケートローンの利ざやは極限まで縮小している。一方、海外企業が借り手となるニンジャローンはある程度の利ざやを確保することが可能な場合が多い。従来、ニンジャローンは大手行が中心となって組成されていた。近年は、地銀等が円建てのニンジャローン案件の資金の出し手に加わるケースが増加している。

資金を調達する海外企業にとってニンジャローンのメリットとしては、資金調達先の分散をはかることができること、銀行間の競争の厳しい日本市場では他地域に比べて低金利での調達がしやすいこと、が挙げられる。

115

震災時元本免除特約付き融資

震災時元本免除特約付き融資とは、大規模地震発生時に借入金の元本が免除となる融資であり、地震リスク対策、事業継続計画の一環として利用されるものである。

震災時元本免除特約付き融資とは、大規模地震が発生した場合に、あらかじめ決めた割合で元本が免除される特約が付与された融資のこと。主な商品特性は以下の通り。

震災時元本免除特約付融資を利用することで、大規模地震が発生した時には元本が免除になり「債務免除益」が計上できることから、建物、設備等の直接被害だけではなく、サプライチェーンの分断等による間接的な損害などに対して、決算上の損失相殺効果が期待できる。また既存借入金の元本が減少することで、借入余力が発生する場合が多く、企業の復興に向けての資金調達が可能になる利点もある。

国内では2017年4月に、広島銀行が第1号案件として地元の主要産業である自動車関連サプライヤー企業6社に計25億円の融資を実行した。地元企業の業務継続計画（BCP）支援、震災などリスクへの対策強化を目的としている。このほか、2018年以降地域銀行で相次ぎ取り扱い開始を公表している。

資金使途	事業性資金（地震対策資金以外の資金使途も可能）
融資金額	金融機関によるが、3000万円程度から10億円程度以内が多い
融資期間	5年以内が多い
返済方法	期日一括返済
震度観測点	地銀の営業エリア内の主要地点数カ所
免除条件	直接被害、間接被害の有無を問わず、震度6強以上の地震発生
免除額	元本の50%または100%

ウェルスマネジメント

個人の財産管理サービスの総称。富裕層向けに提供される資産運用、管理、承継を始めとした総合金融サービス。プライベートバンキングとほぼ同義の意味で使われている。

「ウェルス（Wealth）」は、「財産、富」の意味でウェルスマネジメントは、顧客の金融資産、不動産、事業等の財産の運用、管理、承継に関するニーズについて、包括的なサービスを提供する個人富裕層向け総合金融サービスであり、**プライベートバンキング**とほぼ同義の意味で使われている。プライベートバンキングは、銀行業務以外の付加的なサービス提供が求められること、証券や不動産等、銀行以外の事業者が資産運用に関する富裕層向けサービスを展開していることから、ウェルスマネジメントが呼称としてより広く使われつつある。

サービスの主な担い手は、外資系金融機関、国内の銀行、証券会社である。業法上の制約から、どの事業者も全ての領域のサービスを同じように提供しているわけではない。

2017年時点で、国内で1億円以上の純金融資産を持つ富裕層は126万世帯、純金融資産総額は約300兆円ある。リーマン・ショックで富裕層は一時的に減少したが、アベノミクスが本格化した2013年以降、富裕層の世帯数と資産総額は増加基調にあり、各社は、数少ない成長事業としてウェルスマネジメント事業に注力する姿勢を見せている。

一方、個人向けのファイナンシャルプランニングサービスをウェルマネジメントサービスとして提供する独立系ファイナンシャルアドバイザーも増えており、裾野拡大の動きが見られる。

プライベートバンキング

個人の富裕層向けに提供される資産運用、管理をはじめとした金融機関の総合金融サービス。王族や貴族の財産管理サービスとしてスイスなどの欧州諸国で始まったとされる。

富裕層は、おおむね100万米ドル（1億1,000万円）以上の金融資産を持つ個人と定義される。利用者は、各金融機関が設ける最低預入額以上の資産を預け入れる必要がある。最低預入額は数千万円から1億円程度と言われ、10億円を最低預入額とする金融機関も存在する。資産家、企業オーナー、企業経営者、高額報酬の仕事に従事するプロフェッショナルが主な利用者である。

手数料体系は、有価証券や為替の売買手数料など金融商品の売買の都度、手数料が発生するタイプと、預かり資産残高に応じて手数料率を設定するタイプに大別される。一任勘定契約を締結して資産運用を一任する場合、手数料率は預かり資産の1〜2％程度となっている。

金融機関の中には、資産運用、資産保護、**事業承継**、相続、節税の助言に加え、人脈のマッチング、資金調達、**M＆A**など事業の支援、子女の海外留学や進路の相談、健康管理の相談など顧客の課題解決のパートナーとして、サービスを提供するところもある。

国際的な脱税や租税回避を防ぐために、約100カ国・地域の税務当局が自国の金融機関にある外国居住者の口座情報を交換する制度(CRS)に、日本は2018年から参加した。富裕層がCRS参加国に有する口座情報を国税庁が入手可能となり、顧客には海外のプライベートバンキングを利用しても以前のような守秘性確保は期待できなくなっている。

フィデューシャリー・デューティー

金融商品の販売や運用に携わる金融機関が、顧客の利益を考えて行動すること。金融庁は行動規範を定めた「顧客本位の業務運営に関する原則」を策定し、自主採択を働きかける。

顧客から財産を預かって運用する受託者（フィデューシャリー）に対して顧客の利益を第一に考えて行動する責任（デューティー）を示す。欧米で浸透する考え方で、金融商品を扱う金融機関が自ら襟を正し、顧客の利益を最優先させる「顧客本位の業務運営」を徹底させるために**金融庁**が取り入れた。

2017年3月に策定した原則は①顧客本位の業務運営方針の策定・公表②顧客の最善の利益の追求③手数料の明確化——など7原則で構成される。自主的に採択する形式を採用したのは良質なサービスを提供する金融機関が選ばれる好循環を生み出すためだ。利用者が投資信託を販売する金融機関を比較しやすくするた

め、運用損益別の分布状況を表す共通指標（共通KPI）も策定し、公表を促している。

自社の利益を優先する金融機関の姿勢に問題意識を強めたことが背景にある。数年前までは複雑な仕組みで高い手数料が得られる金融商品に偏って販売する例や自社グループの商品を優先する姿勢が目立った。金融庁は原則策定から3年が経ったことを踏まえ、枠組みの強化に乗り出す。

2020年内にも原則に注釈を追加し、販売後のフォローや類似商品の比較提案を強化させる。投信を組成する運用会社には商品のリスクに合う想定客の開示を求める。利用者が理解すべき金融商品のリスクを掲載する「重要情報シート」を使った勧誘も促す。

資産運用の高度化

わが国の家計金融資産の55％は現預金と、諸外国に比べ金融資産が十分に活用されていない。資産運用の高度化により、資金の好循環を実現し、経済の活性化が期待されている。

業務、サービス・商品

わが国には1,883兆円（2020年6月末）の家計金融資産があるが、その54.7％が現預金と諸外国に比べ偏った資産構成（米国14％、ユーロエリア35％）になっている。それゆえ、直近20年間における日米の家計金融資産の増加状況では、米国は約8倍、日本は約2倍と大きな差が生じており豊富な金融資産が十分に運用・活用されていない。

「人生100年時代」を迎える中、資産運用の高度化により、資金の好循環を実現し、国民の資産形成はもとより、成長マネーの供給を通じた資本市場の活性化や経済の活性化が求められている。

資産運用の高度化のためには、運用商品の開発・販売・運用・資産管理に携わる金融機関がその役割・責任（フィデューシャリー・デューティー）を果たすことが不可欠である。

金融庁の令和元事務年度の金融行政方針では、「最終受益者の資産形成に資する資金の好循環の実現」に向け、①家計の金融・情報リテラシー②販売会社による顧客本位の業務運営③アセットオーナーの機能発揮④資産運用業の高度化⑤金融・資本市場の機能・魅力向上⑥コーポレートガバナンス改革——の6分野を重点分野に取り組むとしている。

また、「G20福岡ポリシー・プライオリティ」（2019年6月承認）においても、各個人がライフステージに応じた最適なポートフォリオを構築できるような環境整備が課題として指摘されている。

IFA(独立系金融アドバイザー)

特定の金融機関に属さず、主に個人向けに投資等の助言を行う。1990年頃から米英で広がり、日本でも過去10年で徐々に浸透、2020年春時点で、約4,000人程度が活動しているとされる。

Independent Financial Advisorの略で、財務局を通じて内閣総理大臣の登録を行っている事業者か、または証券外務員資格を持つその社員が行う。登録には、証券会社との業務委託契約が前提となる。2010年頃から徐々に拡大し、現在約4,000人が活動する（2019年**金融庁**資料）。

従来のFA（ファイナンシャルアドバイザー）とは異なり、顧客に対し、一般的な金融情報を与えるだけでなく、個別ファンドや債券などの金融商品についての説明、提案、売買仲介等を行うことができる。

IFAの発祥は英国とされる。1990年代の英国では、投資アドバイスを行うには、保険会社などの金融機関に属するか、監督官庁に自ら登録する必要

があった。この後者がIFAである。特定の金融機関の利益を代弁しないため、顧客にとって公平なアドバイスを与えられるものとして導入された。

課題としては、IFAの収益構造が挙げられる。IFAは、規模が小さい場合が多く、かつ、日本では金融商品の利回りが低いことから、投資アドバイスの手数料だけで事業を成り立たせるのは容易ではない。また、経営は独立しているが、証券会社と業務委託契約があることから、完全に投資家側に立った助言を担保することが重要。個人の**金融リテラシー**向上の足取りが遅い日本では、投資家の側に立った投資アドバイスは極めて重要である。今後のIFA活躍の活性化が期待される。

ワンコイン投資

100円や500円といった硬貨の金額から定期的な積み立て方式で行う投資サービス。代表的なものは、LINEがオンライン証券と提携して開始したサービスである。

業務・サービス・商品

ワンコイン投資は手軽な運用を可能にする投資サービスである。最小投資金額が少額に抑えられていることに加え、申し込みもスマホやPCから簡単にできる。毎日100円、毎週500円など、定期的な積み立て方式で行う投資は金額的に小遣いの一部にとどまり、手間もかからない。

2019年4月、大手情報通信会社LINEはオンライン証券のFOLIOと提携し、「LINEスマート投資」の名称でワンコイン投資のサービスを開始した。投資対象は米国ETFであり、投資対象のポートフォリオの設計やリバランスは自動的に行われる。

現在、ジャパンネット銀行も積み立て購入500円から可能でNISA（**少額投資非課税制度**）にも対応した投資信託を取り扱っている。同行では、毎日100円程度から始められる継続投資型の外貨預金も取り扱っている。

ワンコイン投資は、少額かつ利便性を武器に、投資家を開拓することを重要な狙いとしている。同様の特徴を持った投資サービスとしては、買い物で発生したお釣りを運用するサービスがある。近年、カード等で付与されるポイントを運用するサービスも登場している。ワンコイン投資の普及拡大に対し、既存の銀行や証券会社も対応を迫られよう。積み立て投資サービスの最低金額の引き下げの検討や、スマートフォンを利用したサービスの利便性の強化が必要になると考えられる。

NISA（少額投資非課税制度）

2014年1月に運用益が非課税となるNISAが創設された。その後、ジュニアNISAとつみたてNISAが導入され、制度が拡充されている。

2014年1月に一定の条件の下で運用益が非課税とされるNISA（一般NISA）が創設され、2016年4月には未成年を対象としたジュニアNISAが導入された。2018年1月には、長期投資に適したつみたてNISAが創設された。つみたてNISAの投資対象に関しては、運用コストや投資収益の分配頻度等を基準に制約が設けられている。

金融庁は、令和3年度（2021年度）の税制改正に向けた要望において、一般NISAからつみたてNISAへの変更等の際の提出書類の簡素化を要望している。

日本証券業協会の調査（2020年6月）によると、NISA口座のうち約4割が不稼働となっている。金融機関は口座の不稼働化を防止するためにも、iDeCo等の他制度も案内した上で、各利用者のニーズに適合した制度を選択するよう助言する必要があろう。

NISA 3制度の概要

	一般NISA	ジュニアNISA	つみたてNISA
非課税期間	5年間	5年間	20年間
年間の投資上限額	120万円	80万円	40万円
投資対象商品	株式、株式投信、ETF、REIT		条件を満たした投資信託
投資方法	制限無し		定期かつ継続的な買付
引き出し制限	無し	あり	無し
金融機関の変更	可	不可	可
口座数(2020年6月末)	1,200万口座	38万口座	244万口座
制度開始	2014年1月1日	2016年4月1日	2018年1月1日

iDeCo（個人型確定拠出年金）

掛け金と運用収益の合計で年金額が決まる確定拠出年金のうち、個人が掛け金を拠出するもの。手厚い税制優遇を受けながら老後資産を作れることが、iDeCoの最大の魅力である。

業務、サービス・商品

確定拠出年金（DC）は、公的年金に上乗せされる私的年金制度の1つ。拠出する掛け金を金融商品で運用し、60歳以降に掛け金と運用収益の合計（積立金）を、一括または年金で受け取る。

勤務先が制度を準備し掛け金を拠出する企業型DCと、国（国民年金基金連合会）が準備した制度に個人で加入し、自己負担で掛け金を拠出する個人型DCがある。iDeCo（イデコ）はこのうち個人型DCの愛称。2020年8月時点のiDeCo加入者数は169万人である。

掛け金は全額非課税（全額所得控除）で、積立金を受け取るまでの間に発生する運用収益も非課税となる。こうした税制面での手厚い優遇を受けながら、老後資産を作れることが、iDeCoの大きな魅力となっている。

ただし、拠出できる掛け金には、企業年金が無い企業の従業員がiDeCoに加入した場合は年額27万6,000円まで、自営業者らがiDeCoに加入した場合には、国民年金基金の掛け金との合計で年額81万6,000円までなどの限度額がある。

あらかじめ用意された運用の選択肢から各加入者が選択し、資金配分を決定する。

運用結果である積立金の一括または年金形態での具体的な受け取り方は、受給可能年齢中の加入者が各自決定する。

2022年に、加入可能年齢や積立金受給開始上限年齢の引き上げ、企業型DC加入者のiDeCo加入要件の緩和等の制度改正が予定されている。

少額短期保険

保険金額や保険期間に制限があるミニ保険で、2006年に創設された。ユニークな保険が提供されており、本業との相乗効果を狙った事業会社の参入も増え、成長が続いている。

法律上の根拠がある「制度共済」（JA共済など）とは違って、規制を受けていない無認可共済の一部でトラブルが頻発したため、**金融庁**への登録義務などを課す少額短期保険（ミニ保険）業制度が2006年4月に創設された。

ミニ保険業者は、原則として、損害保険の場合で期間2年以内、保険金額1,000万円まで、生命保険では期間1年以内、保険金額300万円まで（死亡保険の場合）、といった短期で少額の保障性の保険の販売のみが認められている。なお、引き受けの上限額に関する「経過措置」は2023年3月まで延長されている。

最低資本金は保険会社に比べて大きく軽減され、免許制ではなく登録制で、商品につ

いても事前の届け出で済むなど、簡便な規制となっている。ただし、募集規制などでは保険会社と同等の規制を受けているほか、預貯金や国債などに資産運用が限定されるなど、保険会社よりも規制が厳しい側面もある。また、保険契約者保護機構に加入していないため、破綻した場合、保険契約者の保護に不安が残る。

従来無かったようなユニークな保険が次々と発売されている。旅行業者、不動産管理会社など異業種からの参入も盛んで、2020年3月末で103社（2017年3月末88社）が営業し、成長が続いている。一方で、業務停止命令が発出される事例も出てきており、企業統治や内部管理の強化が求められている。

外貨建て保険資格制度

全ての外貨建て保険販売人を対象とする「外貨建保険販売資格試験」。外貨建て保険に係る苦情増加が背景にあり、2020年10月試験開始、2022年中に販売資格者登録制を開始予定。

生命保険協会は2020年2月21日、外貨建て保険を販売する募集人に共通する「外貨建保険の販売に必要な業務知識」「苦情縮減に資するコンプライアンス・リテラシー」の向上を内容としたカリキュラムによる業界共通の教育・試験制度の導入を公表した。

変額保険販売資格と同様に、専門課程試験の合格と業界共通カリキュラムによる履修を登録要件とし、2020年10月からの試験を開始し、2022年中の販売資格者登録制の開始を目指している。

本資格試験創設の背景には、銀行等代理店による外貨建て保険に係る苦情件数が、増加傾向にあることが挙げられている。苦情の過半数(68%)が「説明不足」に起因しており、内訳として「元本割れリスク」が最も多い（37%）。また、**金融庁金融審議会**市場ワーキング・グループにおいても「販売員の知識・スキルに格差がある」「商品知識・説明力不足に不満を持つ顧客も多い」等の指摘がされている。

こうした中、生命保険協会では、金融機関によるアフターフォローの強化、募集人教育の向上、適合性確認の強化の視点で苦情縮減に向けた取り組みを検討し、その一環で資格試験の創設に至った。

募集人教育を向上させることで、増加傾向にある外貨建て保険の苦情縮減を図ることとしている。各募集人が外貨建て保険の特性・留意点を踏まえた上で、丁寧かつ十分な説明を行うことが期待される。

コモディティ投資

コモディティ投資は、エネルギーや貴金属等の商品を対象とした投資。従来、限られた投資家による先物投資が主流であったが、近年はETFによる投資が拡大しつつある。

金融用語としてのコモディティ（commodity）は、先物市場で取引される商品の総称である。具体的には、①原油やガソリンなどのエネルギー②金や銀などの貴金属③小麦や大豆、トウモロコシなどの食料、などがある。

商品先物市場は、当該商品の生産者や流通を扱う商社等に価格変動リスクをヘッジする機能を提供し、価格変動に着目した投資家には証拠金取引を利用した投機の機会を提供してきた。商品先物投資はハイリスクで、取引には専門業者に口座を開設する必要があり、一般投資家にはハードルの高い存在であった。従来、一般投資家によるコモディティ投資は、金の現物の積立取引等に限定されていた。

しかしながら、商品ETF（上場投資信託）の登場により、コモディティ投資は株式と同様に取引することが可能となった。コモディティ投資の特徴としては、①当該商品の需給により価格が変動するため、一般の金融商品と値動きの相関が小さい②インフレに強い③インカムゲインが無い、などが挙げられる。

2020年は新型コロナウイルス感染拡大に対応して、金融緩和が強化された。先進国の株価は春先に大きく下落し、その後は一転して上昇した。この結果、債券も株式も割高感が生じている。こうした状況の中で、一部の投資家の間では、株や債券とは異なる値動きをするコモディティに対する関心が高まっている。

銀証連携

銀行と証券会社による業務やサービスの連携。規制緩和によって日本でも実現。ワンストップサービスで顧客の利便性が向上し、金融機関側も取引層や業務の拡大が期待できる。

日本では、銀行と証券会社の業務は厳しく分けられてきた（銀証分離）。しかし、1993年の金融制度改革によって、銀行と証券会社が子会社を設立して相互参入できるようになった。その後、持ち株会社方式での銀行・証券子会社の保有、銀行による投資信託の窓口販売解禁や株式の取り次ぎ解禁、ファイアウォール規制の緩和、役職員の兼務解禁など規制緩和が進んだ。

銀行にとっては、株式、投資信託、債券などの資産運用商品を預金者に紹介し顧客の利便性を向上させることができる。一方、証券会社にとっては、銀行の支店網を利用し新たな顧客層が獲得できる。また、その預金者が預貯金の一部を金融商品運用にシフト

することを期待できるほか、銀行の融資やM&Aのノウハウを法人営業に活用できる。

なお、銀行の優越的な地位の乱用や利益相反の弊害など顧客や投資家に不利益が生じないよう、内部管理体制の強化が銀行に課せられている。

みずほフィナンシャルグループでは、みずほ信託銀行を加えた「銀・信・証連携」を進めている。みずほ銀行は全店で金融商品仲介を行い、みずほ証券は全店が銀行代理店である。現在は、リモートも活用した店舗における銀信証ワンストップのコンサルティング提供を進める一方、ネット取引における銀信証の一体化も進めている。

三菱UFJフィナンシャル・グループでも、グループ共同

店舗であるMUFG PLAZAを増やし、銀行・証券に加え信託よるグループ一体的な業務運営を進めている。海外でも銀証一体に取り組んでおり、モルガン・スタンレーと協働し、海外企業同士のM&Aなどで主導的な地位を築きファイナンスを実行している。

三井住友フィナンシャルグループにおいては、三井住友銀行とSMBC日興証券、SMBC信託銀行が銀証信連携を展開している。法人向けサービスでは、三井住友銀行からSMBC日興証券に対し、資産運用や投資銀行ニーズのある法人顧客の紹介が行われている。リテール向けサービスでは、銀行側からは個人顧客の紹介、証券会社側からは資産・**事業承継**ニーズのある顧客の紹介などがある。

地域銀行では、横浜銀行、千葉銀行、静岡銀行など多くが証券子会社を保有。金融商品ビジネスの拡大を促し、販売手数料収入の確保に努めて

いる。銀行本体に加え、証券子会社を有し、金融商品の品ぞろえを強化することで、シニア層や富裕層を中核としたリテール向け金融商品販売体制をより強固にしている。また、顧客・収益基盤が、グループ外に流出するのを防ぐのも狙いだ。SBI証券や楽天証券などとの金融商品仲介を通じて証券業務を強化する地域銀行も増加してきている。

わが国において「貯蓄から投資へ」というスローガンが掲げられて久しいが、個人金融資産の現金・預金への偏重に大きな変化は無い。コロナ禍下、世界経済や金融市場が不安定化することで、今後、資産運用において顧客が投信で含み損を抱えたり、損失計上するケースが増えたりする可能性がある。銀行と証券が協働して、いかに市場情報をタイムリーに提供し、リスクを説明していくのか。リスクオフの局面こそ、銀証連携の真価が問われる。

ラップ口座

証券会社や信託銀行が、個人投資家と投資一任契約を締結し、投資家の運用方針に基づき、投資助言、運用、管理などを一括して請け負う資産運用サービスの口座。

「ラップ（wrap）」とは「包む」の意味で、資産運用サービスを包括的に提供することから、ラップ口座の名前がつけられた。2020年6月末のラップ口座の件数・残高は、110万件・9兆8,000億円。

金融機関は、目標収益率など投資の要望や投資経験を顧客に確認し、アセットアロケーションを提案する。契約後、金融機関は投資一任により顧客の運用方針に合ったポートフォリオを構築する。定期的（年1〜4回）にポートフォリオはリバランスされ、運用結果も報告される。ラップ口座は、アフターサービスが充実している特徴を持つ。

ラップ口座では、株式や投信の売買に伴う手数料はかからず、顧客の運用資産残高に一定比率（年1〜2％）をかけた管理手数料がかかる。固定報酬型と成功報酬併用型を選択できる。投信に投資する場合、投信自体の信託報酬費用を間接的に負担することになり、実質費用は年2〜3％に上る。

1999年の日本での導入以来、ラップ口座といえば、最低投資金額が数千万円超でオーダーメイドの投資を行うSMA（Separately Managed Account）を意味したが、2007年には投資対象を投信に絞ったファンドラップが登場し、最低投資金額が300万〜500万円に引き下げられた。

2015年以降、最低投資金額1万円前後で、**ロボアドバイザー**の活用により管理手数料を年1％未満に抑えた商品も登場している。

マイナポイント事業

消費活性化、マイナンバーカードの普及、官民キャッシュレス決済基盤の構築を目的として2020年9月から2021年3月末までの7カ月間実施される事業。

マイナポイント事業は、マイナンバーカード（以下、マイナカード）と**キャッシュレス決済**を連携させ、政府がポイント還元によりインセンティブを提供する事業である。

この事業の利用者は、あらかじめマイナカードを保有している必要がある。まだ保有していない人は、まずマイナカード取得する必要がある。カードの保有者は、マイナポイントの予約をする必要がある。スマートフォンの場合、専用アプリからマイナカードを読み取り、手続きをする。スマホ等の手持ちの機器による手続きができない場合は、地方自治体等の窓口に出向いて手続きをすることになる。

以上の準備の終了後、利用者は本事業に参加するキャッシュレス決済事業者を1つ選択する。一度選択した事業者を変更することはできない。

手続きが完了すると、選択したキャッシュレス事業者を利用した決済やチャージ（以下、決済等）に対し政府からポイントが付与される。ポイントは1つのマイナカードにつき、決済等の金額の25％、上限は期間中5,000円相当分とされている。本事業に参加する事業者の中には、マイナポイントとは別にポイント等の還元を実施している場合もある。

偶然、本事業は新型コロナウイルス感染による不況の直後に実施されることになった。本事業の実施により、個人消費の回復が後押しされることが強く望まれる。

Ⅲ 経営、市場

菅義偉新首相が誕生。デジタル庁創設や地域銀行の再編についての発言に注目が集まった

地域銀行を巻き込んで地方創生に取り組むSBIホールディングスの取り組みも関心が高い（写真は北尾吉孝SBIホールディングス社長）

次世代型店舗

生産性向上と顧客利便性を両立するデジタル化した次世代型店舗が増えている。ペーパーレス化、印鑑レス化、タブレットでの金融商品契約、テレビ電話などが導入されている。

メガバンクや地域銀行などが、店舗機能の見直しや店舗削減を進めている。従来型のフルバンキング店舗を基本としながら、**軽量型店舗**や資産運用に特化した店舗、共同店舗を含め、デジタル化した次世代型店舗の導入を進めている。人口減少やスマートフォンの普及、ライフスタイルの変化などで都市部の有人店舗でも来店客が急速に減っていることが背景にある。

みずほフィナンシャルグループでは、有人店舗に依存したネットワークの再構築を進めており、2024年度までに国内約500拠点のうち、130拠点を削減。ネット・スマホの利便性向上を図り全拠点の次世代店舗化を掲げている。全拠点を事務からコンサルティングの場にするため、店頭事務のオペレーションレス・ペーパーレス、後方事務のビジネスオフィス集約、銀信証ワンストップ化を進めている。

三菱UFJフィナンシャル・グループでは、次世代型店舗として、MUFG NEXT、相談型店舗としてMUFG NEXT（コンサルティング・オフィス）を展開している。店舗数は、フルバンキングタイプの店舗を中心に、2017年度比、約500店舗のうち、2023年度までに35％削減する計画だ。

りそなグループの次世代型の軽量型店舗である年中無休の相談特化型店舗セブンデイズプラザは、新宿や上野など主要ターミナル駅などに22拠点展開。さらに増やしていく計画だ。

東京スター銀行の軽量型店舗であるアドバイザリープラザは、都内の代々木上原、南砂町、三軒茶屋、浜田山などに展開し、約20坪のコンパクトサイズながら、個別ブース・相談カウンターを複数設置し、土日もオープン。3人程度の運営体制ながら、TV会議システムの設置でローンや保険など専門スタッフへ直接相談が可能である。

京葉銀行では、①認証ボックスでは、指静脈認証ICキャッシュカードで本人の意思確認を実施するため、伝票等への印鑑の押印が不要②タブレットによる保険・投資信託手続きでは、申し込みから契約までを画面上での確認と電子サインで手続き完了③全自動貸金庫では、指静脈認証ICキャッシュカードで入室が可能④リモートテラーシステムでは、モニターを通して相談員と直接面談し、相続相談などのコンサルティング業務を実施している。

これら次世代型店舗では、ITの活用により業務の効率化を図り、手続きにかかる時間や負担を軽減することで、顧客に対してより質の高い相談・コンサルティングを提供することが可能とされる。もっとも、「できれば行きたくない場所」という多くの顧客の本音や「欲しい商品やサービスが無い」という根本的な問題に向き合わなければ、あらゆる店舗政策は中途半端となり、顧客の離反から、来店客の減少が続く懸念がある。

また、銀行が、店舗ネットワークの維持に固執することで、営業時間の短縮→店舗機能の縮小→店舗の魅力低下→店舗の収益力低下→さらなる来店客の減少、という悪循環に陥るとともに、店舗の減損処理の発生で店舗の統廃合の前倒しや銀行自体の再編が進む可能性もある。いかに顧客にとって魅力ある次世代型店舗を構築していくか、銀行は正念場を迎えていると言える。

軽量店舗

金融機関の従来型の店舗が減少し、少人数の軽量店舗が増加する動きが続いている。店舗が小型化・軽量化する中で、店舗戦略が金融機関経営の重要なカギとなっている。

マイナス金利の影響などから金融機関の収益構造が厳しくなる中、金融機関の顔と言われる銀行の店舗について、営業室（内部事務部門）の行員を多く配置する従来型の店舗が減少し、インターネットバンキングやATMを通じた取引の増加を受けた少人数の軽量店舗が増加している。

軽量店舗の定義はあいまいであるが、①建設・維持費用を抑えたローコスト店舗②相談業務などにサービス内容を絞った特化型店舗③最低限の人数で運営する少人数店舗などがあり、目的は、①コストの削減②経営資源の最適化③拠点数の維持が挙げられる。

特に、メガバンクや地域銀行では、営業に要する経費が高止まりしている中で、店舗業務の削減により、運営コストを引き下げる動きが続いている。来店客自身が操作する専用端末やテレビ電話を通じた手続きが主体となり、操作などを案内する担当者を配置するものの、店舗に必要な行員数は減少している。対面では現金を扱わず、業務の多くをITで効率化し、個人の資産運用相談など相談業務に重点を置く軽量店舗に転換し、従来型の店舗を大幅に縮小するなどメリハリを付けた店舗運営に切り換える。

また、バックオフィスの事務を効率化するほか、小規模スペースを生かし、顧客がアクセスしやすい立地へと出店を進めるなど店舗の小型・軽量化は、今後の店舗戦略を占う重要なキーワードとなる。

店舗の外部賃貸

これまで、店舗等の銀行の遊休不動産を外部に賃貸することが認められていなかったが、公共主体から要請があった場合は、遊休スペースを有効活用することができるようになった。

銀行の保有不動産は、駅前や繁華街等の好立地に所在し、建物も頑強で駐車場を併設していることが多いなど、立地・ハードの両面で優れた特性を有している。同地での空きスペースを外部に賃貸できれば、銀行はさらなる収益を得ることができるため、銀行店舗の空きスペースを外部に開放して有効活用し、町の賑わいや来店者の増加につなげる取り組みが地域金融機関を中心に広がっている。

銀行が保有する自社不動産の賃貸に関して、**金融庁**の監督指針に「賃貸等の規模が当該不動産を利用して行われる固有業務の規模に比して過大なものとなっていないこと」という要件があるため、従来は店舗の外部賃貸に慎重な姿勢であった。しかし、2017年9月、金融庁は監督指針を改正し、「公共的な役割を有していると考えられる主体からの要請」があった場合、「**地方創生**や中心市街地活性化の観点から」判断しても良いと、銀行の保有不動産の有効活用を後押しする姿勢に転換した。

これにより、地域金融機関のビルなどで遊休スペースを使って、銀行店舗の一部にカフェや飲食店、保育所、ホテルなどを運営する事例などが出てきている。しかし、全国地方銀行協会などが要望している不動産仲介業務が禁止されているほか、銀行が保有不動産を賃貸する場合、金融庁の監督指針上の要件を満たしていることを十分に検証できる体制を整える必要がある。

営業時間の弾力化

銀行法令の改正により、当座預金業務を営む店舗でも、平日休業や、営業時間の変更が行えるようになり、地域金融機関で店舗の営業時間を弾力化する動きが出てきている。

金融機関の休日については、**銀行法**施行規則により、土、日、祝、12月31日から1月3日までとされており、当座預金業務を営む店舗については、平日は毎日店舗を開くことが義務付けられ、休日営業は各金融機関の判断で行える。

年々、金融機関の来店客が減少しており、人件費負担が大きいことなどから、銀行法施行規則の改正で、当座預金業務を営む店舗でも、顧客利便性を著しく損なわないことを条件に、平日休業が認められた。これにより、例えば隣接する2つの店舗で片方を月、水、金曜日に、もう片方を火、木曜日に開くといった運営が可能になった。

また、営業時間については、銀行法第16条第1項によ

り、午前9時から午後3時までとされており、同条第3項によって、当座預金業務を営まない店舗は、営業の都合により営業時間を延長でき、当該営業所の所在地等の特殊事情等で当該営業所の顧客の利便を著しく損なわない場合には、営業の短縮もできる。

2016年9月の銀行法施行規則の改正により、当座預金業務ができる店舗でも、顧客の利便を著しく損なわないことを条件に営業時間の変更を行えるようになった。

これを受けて、全国の地域金融機関で店舗の営業時間を弾力化し、昼間に1時間窓口を休業したり、休日に営業する代わりに平日休業とするなど、店舗の効率化を目指す動きが出てきている。

BPR

金融機関では、営業現場への人員シフト、コスト削減圧力、働き方改革への適応などがドライバーとなり、従来の枠組みを超えた業務の抜本的見直し（BPR）が進んでいる。

Business Process Re-engineeringの略。金融機関は業務効率化や顧客満足度向上のため、従来から①個々の営業店・部署の業務を専門部署へ集約②業務プロセス自体の見直しや人材の多能工化（多様な業務を遂行できる柔軟な体制整備）——などを進めてきた。

近年では、従来の営業店・人を中心とした業務設計から、**DX（デジタルトランスフォーメーション）**と呼ばれる、AI（人工知能）など先端技術を活用した新しい顧客体験・業務体系へと転換が進んでいる。例えば、インターネットと連携した店舗設計、印鑑レス・ペーパーレス・バックレス化、審査等判断業務の自動化、顧客データを活用した提案営業の自動化、音声入力技術による記録簿の自動化、銀行を起点とした法人・自治体の取引デジタル化などである。

他方で、デジタル技術をとりいれても、業務を個別・局地的に改善していては、効果は少ない。そもそもの業務自体の必要性やあり方、ビジネスモデル変革にまで踏み込まない限り、銀行に求められる大きな効果は望めない。

実際に、昨今ではBPRにあわせて、営業店のあり方や位置付け、営業店ネットワーク、サービスレベルの見直しまで含めて取り組む事例が多い。

手段としてのデジタル技術を導入することだけで満足せず、これまで踏み込めなかった「大きな覚悟を伴う改革」を実施する必要がある。

ATM連携・共同化

複数の金融機関でATMを相互利用することや、複数の金融機関が共同でATMを運用すること。これにより、設置エリアが重複するATMの廃止等による維持費用の削減が期待される。

経営・市場

ATMを複数の金融機関で相互に利用可能とする動きが増加している。

預金者は自身が口座を持つ金融機関以外のATMでも、相互利用可能な金融機関のATMであれば利用可能となり、自身が口座を持つ金融機関のATMを利用する場合の手数料と同水準となるケースもある。大手行でも、2019年9月に三菱UFJ銀行と三井住友銀行の、商業施設等の銀行施設外に設置されているATMについて、共同化が開始された。

このような複数の金融機関同士のATM連携・共同化が進む背景には、社会のデジタル化に伴い、金融機関の持つ伝統的なATM網が合理化の対象となっていることが挙げられる。

ATMを維持運用するため

には、設置場所の賃料、警備費等を含め、1台あたり月30万円ほどかかるとされる。顧客からの手数料では維持運用費用を賄えないことから、ATMの台数を削減することは、金融機関における経営合理化の1つの手段となっている。

このATM台数の削減の動きに合わせ、ATM台数の削減による顧客の利便性低下を防ぐことを目的として、複数の金融機関によるATMの相互連携や、ATMを共同で運用する取り組みが拡大している。

また、**キャッシュレス決済**が拡大したことに伴い、現金の利用頻度が低下してきていることも、ATM台数の削減と、それに伴うATM連携・共同化を後押ししている。

2019年4月に一般社団法人

キャッシュレス推進協議会から公表された「キャッシュレス・ロードマップ2019」によると、国内におけるキャッシュレス決済の比率は、2008年時点の11.9％から、2017年には21.3％へと、10年間で約2倍に上昇している。

これに加え、2017年6月に閣議決定された「未来投資戦略2017」では、KPI（重要な評価指標）として、10年後（2027年）までにキャッシュレス決済比率を4割程度とすることが掲げられており、今後、さらなるキャッシュレス決済の利用拡大が見込まれる。

キャッシュレス決済が拡大する一方で、都市銀行等が設置するATMは、その数を減らしている。全国銀行協会の決済統計年報によると、都市銀行、地方銀行、信用金庫、信用組合、労働金庫等が設置するATMの台数は、2010年の約11万2,000台から、2019年には約10万3,000台へと、10年間で約9％減少した。キャッシュレ

ス決済の拡大により現金利用の需要が低下すれば、ATMの台数削減を背景としたATMの相互連携や共同化は、今後さらに増加すると予想される。

これらに加えて、新型コロナウイルスの流行も、ATMの相互連携や共同化を加速させる1つの要因となる可能性がある。

新型コロナウイルスの感染防止対策の一環として、各金融機関は積極的なインターネットバンキングの利用を推奨している。これまで送金などでATMを利用していた預金者が、インターネットバンキングをATMの代わりに利用するケースの増加が予測される。

新型コロナウイルス感染に伴うインターネットバンキングの利用拡大と、ATMの利用頻度の低下は、近隣する金融機関同士のATMの相互連携、共同化や、ATMの廃止を推進する、追い風になる可能性が考えられる。

銀行業高度化等会社

銀行業高度化等会社とは、情報通信技術その他の技術を活用した銀行業の高度化もしくは当該銀行の利用者の利便の向上に資する業務又は資すると見込まれる業務を営む会社のこと。

従来から、銀行業においては、銀行の健全性維持のために、他業態のリスクが経営に及ばないよう、出資割合に対して上限5％の規制がかかっていた。

しかし、近年のフィンテック企業の台頭により、銀行がこれらの企業と提携し、利用者に対してITを活用した高度な金融サービスの提供を可能にすることを目的に、2016年の**銀行法改正**により、出資規制が緩和された。

出資規制緩和の結果、認可を条件として、銀行業の高度化、利用者の利便性向上に資することが見込まれる会社に対しては、従来の出資割合の上限を超えて出資することが可能となった。

また、IT分野の企業だけではなく、「**地方創生**や地域経済の活性化等のため、地域の優れた産品・サービスの販路を新たに開拓することで、従来以上の収益を引き出し、そこで得られた知見や収益を生産者に還元していく事業を営む会社」（**地域商社**）」も銀行業高度化会社として、認可を条件に出資規制が緩和されることとなった。

地方銀行などの地域金融機関では、地銀7行が共同で、各行のデジタル化を連携、協同して進めていくための会社を設立するなどの動きがある（2018年6月フィンクロス・デジタル設立）。また、地域商社事業を営む会社を銀行の100％子会社として設立する例も出てきている（2020年3月岩手銀行公表）。

地方創生

人口減少、地域経済の縮小などの課題に対応するため、地方創生の取り組みが進められている。地域の資金、情報、人材が集積する金融機関にも積極的な関与が期待されている。

地方創生は2014年に施行された「まち・ひと・しごと創生法」により始動した。2020年7月には「まち・ひと・しごと創生基本方針2020」が閣議決定され、継続して地方創生が推進されている。

地方創生を効果的に推進するため、産業界・行政機関・大学・金融機関・労働団体・言論界・士業（産官学金労言士）が参画、連携することが要請されており、金融機関にも金融仲介機能を発揮して、一定の役割を果たすことが期待されている。

地元密着を経営の柱とする地域金融機関にとって、地方創生は自身の経営に直結する重要問題である。国や自治体が主導する地方創生に積極的に関わり、地域経済を活性化することは、金融機関の経営にとっても大きな意義がある。

地域金融機関は、継続する低金利環境と地域経済の縮小により、厳しい収益環境に置かれている。特に地域経済の縮小は、今後ますます進展して金融機関の経営を圧迫するおそれもある。地域金融機関には、今後も安定して収益を獲得していくために、コストとリターンのバランスが取れた持続可能なビジネスモデルを構築することが求められている。そのためには、単なる預貸取引にとどまらず、コンサルティングなど様々な付加価値を提供して、地域の取引先企業の成長を支援、ひいては地域経済の発展につなげていくことが必要である。

地域人材支援戦略パッケージ

地域企業の経営課題の解決に必要な人材マッチング支援を抜本的に強化する施策であり、第2期「まち・ひと・しごと創生総合戦略」の1つ。地域金融機関の役割が期待されている。

経営・市場

政府は2019年12月20日、**地方創生**を推進するため、第2期「まち・ひと・しごと創生総合戦略」を閣議決定した。その中で、地域企業の経営課題の解決に必要な人材マッチング支援を抜本的に強化する「地域人材支援戦略パッケージ」を策定した。具体的には、地域金融機関等による地域企業の人材ニーズの発揮の強化、人材の送り出し元となる東京圏の企業の開拓・連携強化等により、**副業・兼業**等も含めた多様な形態による地域の人材供給を大幅に拡大することとしている。

金融庁の監督指針改正（2018年3月）により、**人材紹介事業**が「付随業務」として明確化される中、パッケージでは、地域でのマッチング市場を活発化させるため、マッチング1件につき最大100万円を国が地域金融機関等に支払うインセンティブ制度が導入されている。現状は、地域金融機関による人材紹介ビジネスは緒についたばかりであるが、本制度をビジネスチャンスと捉え取り組むことにより、収益拡大はもとより地域活性化につながることが期待される。

人材紹介事業の成約率を上げるには、人材受け入れ企業の経営者との間で必要となる求人像を十分共有することはもとより、求人企業のビジネスモデルを理解することが必要で、人材マッチングは**事業性評価**の一環として捉えることができる。地域金融機関の役割が期待されている。

統合特例法

シェアが高くなっても特例的に地域銀行の経営統合が可能になるように、10年間の時限措置として独占禁止法の適用除外を認める統合特例法が2020年に成立し、施行された。

従来の独占禁止法では、市場シェアが高い企業同士の経営統合は、市場競争を阻害するために認められなかった。

このために、ふくおかフィナンシャルグループ（FFG）と十八銀行の経営統合に際しては、公正取引委員会の審査が長引き、当初計画から2年ほど遅れることになった。しかも、1,000億円弱の貸出債権を他の金融機関に譲渡することが、問題解消措置として義務付けられた。

このことから独占禁止法が地域銀行の再編の障害になり、地域における金融サービスの提供を困難にするとの問題意識が政府で共有された。そして、10年間の時限措置として、統合特例法が2020年5月に制定され、11月に施行された。

同法では、①地域銀行が持続的に基盤的な金融サービスを提供することが困難となるおそれがある場合②経営統合等によって基盤的なサービスの提供の維持が可能となる場合③利用者に不当な不利益（例えば、貸出金利や手数料の不当な上昇）が生じるおそれが無い場合——に独占禁止法の適用除外が認められる。

ただし、経営統合後には**金融庁**のモニタリングを受け、基盤的なサービスの提供が行われていなかったり、不当な不利益が利用者に生じている場合は、是正を求められる。

特例法の目的は、銀行の救済ではなく、地域の金融インフラの維持である。広がった再編の選択肢を有効に活用することが求められている。

金融機能強化法

資本増強が必要な金融機関に公的資金を注入し、金融仲介機能を維持するための法律。経営危機に陥る前でも国が予防的に資本参加できる特徴がある。

金融機能強化法はペイオフの全面解禁（2005年4月）を翌年に控えた2004年8月に施行された。銀行救済のための公的資金注入を定めた他の法律と異なり、債務超過に陥っていない金融機関にも公的資金を注入できる。

期限が来れば失効する時限立法だが、経済危機や大災害のたびに延長が繰り返されている。金融庁は2008年のリーマン・ショックを受けて同法を復活させ、2011年の東日本大震災、2016年の英国による欧州連合離脱決定を機に延長された。2020年の新型コロナウイルス感染拡大を受けて4年延長が決まり、申請期限は2026年3月末になった。

新型コロナ対策の延長は金融システムの安定に万全を期すことが狙いだ。申請する金融機関には①経営陣の責任を問わない②収益性などの数値目標を課さない③優先株に加えて普通株や劣後債による注入を可能にし、配当率も引き下げる——という特例を設けた。返済は「おおむね15年以内」としていたが、期限を区切らない仕組みにした。ただ、返済可能性は金融庁が確認する。預金保険機構が資金調達する際の政府保証枠も12兆円から15兆円に拡大された。

一方、一部の注入行で返済のメドがついていない課題もある。2024年に優先株を普通株に強制転換する期限を迎える地域銀行が多い。返済ができない場合は公的資金の借り換えや他行と資本提携、経営統合につながる可能性もある。

中間持ち株会社

親会社を持つ持ち株会社を中間持ち株会社と呼ぶ。地域銀行でもグループ力の強化や子会社の管理コストの削減を図るために中間持ち株会社を設立する動きが見られる。

特定の事業分野の複数の子会社を統括するなどのために、中間持ち株会社をグループ内に持つ企業グループがある。

例えば、通信大手のKDDIは100％子会社としてauフィナンシャルホールディングスを持ち、この傘下に、銀行、証券、損害保険、生命保険、電子決済会社などの金融子会社を集約している。これは、事業会社とは異なったノウハウの必要な金融業に関しての管理を集約することで子会社間の連携を強化し、健全性や収益性を高めるためである。

また、りそなホールディングスは、子会社銀行の再編にあたって、中間持ち株会社である関西みらいフィナンシャルグループの傘下に関西みらい銀行などを集約した。

さらに、2019年9月に、南都銀行が、南都マネジメントサービス（旧南都地所）を中間持ち株会社として、その下にリース、クレジットカード、証券などの9つの子会社を集約した。従来、銀行本体の経営企画部が子会社の管理を担っていたが、子会社間の相乗効果の創出と、各子会社で共通する管理業務のコスト削減などを意図している。

銀行グループに対する業務規制の緩和が進んでいるが、銀行本体での管理には限界があり、中間持ち株会社は有力な選択肢である。しかし、組織形態が複雑になる分、グループとしての一体的な運営が難しくなる面もある。その長所と短所とを吟味して利用することが必要である。

コーポレートガバナンス・コード

コーポレートガバナンスの強化に向け企業が尊重すべき諸原則を定めた規範。英国で始まったが、日本でも成長戦略の一環として2015年6月から適用が始まり、2018年6月に改訂された。

1.CGコードの世界的潮流

コーポレートガバナンス（CG）とは、企業による不正行為の防止と競争力・収益力の向上を総合的に捉えて長期的な企業価値の増大を図る企業経営の仕組みを指す。

CGコードは、まず英国で、企業経営者の絡む不祥事発生の未然防止の見地から、1998年に統合規範として策定された。

これを受け、経済協力開発機構（OECD）でも1999年5月にCG原則が承認された。2008年のリーマン・ショック後、短期指向是正の観点から進められた。英国では、2010年にCGコードに改訂、OECD原則も2015年9月に**G20（主要20カ国・地域）** 首脳会議でその改訂版が承認された。

2.国内のCGコード策定

日本では、かねて上場企業の企業統治の脆弱さが長期的な株価低迷の大きな理由の1つとされてきた（例えば、**金融審議会**金融分科会報告2009年6月）。このため政府は、2014年6月「日本再興戦略」で、上場企業に内部留保を投資に回す等により「稼ぐ力」を高めることを主目的とし、国際水準の自己資本利益率達成や国際競争に勝てる攻めの経営判断を後押しするCGコードを策定する方向を打ち出した。具体的には、**金融庁**と東京証券取引所を共同事務局とする有識者会合が検討、基本的な考え方をまとめ、東証が2015年6月から「Comply or Explain」（順守するか、もしくは理由を説明する）の形で策定した。

従って、日本のCGコードでは健全な企業家精神の発揮を促す「攻めのガバナンス」が提唱され、短期指向是正を目的とする海外のCGコードと対照的だが、双方とも「持続的な企業価値向上」を目指す点では同じ方向性を有する。

3.CGコード改訂等の流れ

スチュワードシップ・コードとCGコードのフォローアップ会合の審議を経て、2018年6月には、CGの形式から実質への流れを確たるものとするため、①経営環境変化に迅速に対応した事業ポートフォリオの入れ替えを行う経営者による果断な経営判断②資本コストを意識した投資戦略・財務管理の方針策定③客観性・適時性・透明性あるCEOの選解任④取締役会の多様性の確保⑤政策保有株式の保有適否の具体的検証とその結果の分かりやすい開示⑥企業年金のアセットオーナーとしての専門性向上等のCGコードの改訂が行われた。

また、2020年度の成長戦略では、資本コスト、グループ・ガバナンスの強化、監査の信頼性確保、サステナビリティや社外取締役の質の向上確保等につき検討を行うとされ、さらに金融行政方針では**デジタルトランスフォーメーション**の進展やサプライチェーンの見直し、**働き方改革**への対応、持続可能なビジネスモデル確立へのつなげ方に関する検討も行い、2021年中にコードを改訂するとしている。

金融機関は、こうした観点だけでなく、金融仲介機能の十分な発揮と金融システムの安定確保における経営者の役割とガバナンスの観点も重要である。特に地域金融機関は、当局との深度ある対話や自金融機関内での活発な議論を促す観点から、2020年3月に金融庁より「地域金融機関の経営とガバナンスの向上に資する主要論点（コア・イッシュー）」が公表されている点を忘れてはならない。

日本版スチュワードシップ・コード

機関投資家が顧客から委ねられた運用責任（スチュワードシップ責任）を適切に果たすのに有用として、金融庁の有識者会合が2014年2月に公表した「責任ある機関投資家」の諸原則。

経営、市場

スチュワードシップ・コードは、機関投資家に資産運用委託者の利益実現義務に加え、リーマン・ショック再来防止のため投資先企業が短期ではなく持続的な利益追求を行うよう監視する役割を求めて、2010年7月に英財務報告評議会が初めて作成・公表した。

日本では、上場企業のコーポレートガバナンスを強化し、持続的な企業価値向上に機関投資家が積極的に貢献するとの観点から、日本再興戦略にその策定が盛り込まれ、2014年2月に日本版スチュワードシップ・コードが完成。具体的には、機関投資家は投資先企業との間で建設的な目的を持った対話（エンゲージメント）を行うほか、利益相反管理に関する明確な方針の策定・公表、投資先企業のモニタリング、議決権行使の方針の設定と結果の開示、ガイドラインの順守状況の運用委託者への定期的な報告——など7つの原則を定めた。

2017年にアセットオーナーが運用機関に求める事項・原則を明示する等の改訂が行われた後、2020年3月の再改訂では、①サステナビリティ（ESG要素を含む中長期的な持続可能性）の考慮②適用対象の拡大③運用機関による開示・説明の拡充④企業年金等によるスチュワードシップ活動の明確化⑤議決権行使助言会社、運用コンサルタント等に対する規律が整備された。2020年9月末現在で288の機関投資家がこのコードを順守する旨、宣言している。

監査等委員会設置会社

2015年施行の改正会社法で新たに認められた株式会社組織形態。取締役3人以上（過半数は社外取締役）で構成する監査等委員会が、取締役の業務執行の監査などを行う。

監査等委員会設置会社は、取締役会のために監査を行う枠組みであり、その監査委員会は内部統制システムを活用するという点で「指名委員会等設置会社」の監査委員会に近い。ただ、後継者指名や役員報酬を社外取締役のいる委員会に委ねる必要が無い一方で、監査等委員となる取締役は、その解任には株主総会の特別決議が必要になるなど、任期こそ短い（2年、監査役は4年）ものの、監査役に近い身分保障がある。

また、この形態は、**コーポレートガバナンス・コード**上、監査役設置会社、指名委員会等設置会社と同等と認められることから、これに移行する上場企業は年々増加している。2020年10月20日現在、市場第一部企業で666社、全上場企業で1,110社がこの形態をとっている。

監査等委員会設置会社の社外役員の最低人数は3人と、監査役設置会社で2人の社外取締役を置く場合（社外役員4人）より少なくて済むため、地元のほとんどの企業と取引を有する地域銀行では、独立性の観点から適切な社外取締役候補を見出すのが難しいため、この制度を活用する先が3分の1に及んでいる。

この間、社外取締役については、2010年に東京証券取引所が「独立役員」の要件を定めた。市場第一部では2020年8月末現在、独立社外取締役2人以上の企業が95％、3分の1以上の企業が59％に達している（各々前年93％、44％）。

CSV（共通価値の創造）

地域金融機関が地域企業に付加価値を提供することで、企業の安定的成長や地域経済活性化に貢献して、地域金融機関の収益にも好循環のループをもたらすビジネスモデル。

共通価値とは、マイケル・ポーターとマーク・クラマーが2011年に提唱した「社会的価値と経済価値は両立する」という概念であり、事業活動を通じて企業の成功と地域社会の進歩を結び付ける考え方である。

金融庁では、2003年に「リレーションシップ・バンキング」を提唱し、その考え方を発展させてきたが、その延長線上にある概念として、2019年8月の金融行政方針「利用者を中心とした新時代の金融サービス」の中で「共通価値の創造」という言葉を使用した。

地域金融機関が地域企業に寄り添い、その事業内容等を評価して真の経営課題を把握し、その課題を地域企業と共有した上で、人材や資金等の経営資源を活用して主体的に解決策を見い出す。それによって、地域企業の生産性が向上し、ひいては地域経済の発展にも貢献していく。その結果として、地域金融機関の収益基盤が安定した顧客基盤に支えられ、経営も安定していくといった好循環のループを実現していく考え方である。

企業の抱える問題は常に変化しており、変化に応じたソリューションを提供する必要があるが、顧客起点で取り組みを進められれば、持続可能なビジネスモデル構築につながり、「共通価値の創造」につながる。そのため、各地の地域金融機関においても、「共通価値の創造」を実現するビジネスモデルを確立しようとする動きが出てきている。

GABV・JPBV

GABV(The Global Alliance for Banking on Values)は、持続可能な経済・社会・環境の実現を使命とする金融機関による国際組織。JPBVは、同様の理念の日本での普及を目指す団体。

GABV

実体経済とかけ離れた金融がリーマン・ショックを生み出したとの反省から、コミュニティーに根差した持続可能な社会を実現する金融機能を取り戻すため、2009年にオランダのトリオドス銀行、ドイツのGLS銀行らにより結成された国際的ネットワーク組織。「バリュー・ベース・バンキング（価値を大切にする金融）」を標ぼうしている。メンバーになるためには、その国の規制を満たす預金取扱金融機関であるほか、GABVの6原則（①社会・環境への影響と持続可能性を中心としたビジネスモデル②実体経済への貢献③顧客本位④長期的な健全性確保⑤経営の透明性⑥以上を金融機関の企業文化にすること）に沿った審査とコミットメントが求められる。

2020年2月時点で世界の63の金融機関が加盟。日本では、2018年7月に第一勧業信用組合が加盟している。

JPBV

The Japanese Practioners for Banking on Values. 一般社団法人価値を大切にする金融実践者の会。第一勧業信用組合のGABVの加盟を契機に、日本でのバリュー・ベース・バンキングの普及と実践を目的として、2018年12月に設立された。GABV加盟金融機関の事例研究と実践、人材育成などの活動を行っている。2020年10月末現在、51の組織・個人が加盟している（うち金融機関は24）。

経営、市場

貸倒引当金と将来予測

金融検査マニュアルが廃止されたことで、本邦金融機関においても、将来予測を踏まえて貸倒引当金を算出する「フォワードルッキングな引き当て」の導入が進むとみられる。

金融庁「金融検査マニュアル」が廃止され、金融機関は貸倒引当金について、過去の貸倒実績だけではなく、足元や将来の情報を引き当てに反映することが求められている。

将来の情報を引き当てに反映する、いわゆる「フォワードルッキングな引き当て」の導入はIFRS（国際会計基準）では2018年から、米国会計基準では2020年から適用されている。わが国でも検討が開始されており、本邦金融機関でも導入が進むとみられる。

IFRSでは、過去の事象、現在の状況、将来の経済状況の予測について、合理的で裏付け可能な情報を反映する必要がある、とされている。例えば、経済成長率、インフレ率、失業率などの将来予測をいくつかのシナリオに分けて行い、各シナリオに加重をつけた上で、デフォルト率や予想損失額に反映することになる。フォワードルッキングな引き当てでは、金融機関は、将来予測をどのように構築したのか、詳細な開示も求められることになる。

金融機関は、貸倒引当金を平時から保守的に積み上げる必要がある一方、過度な積み上げは業績や自己資本にはマイナスとなる。今回のコロナ禍のように予期せぬ経済混乱や金融危機への備えも必要。健全性と収益性を両立しながら、適切な将来予測に基づく貸倒引当金の計上は、今後、金融機関で巧拙の差が大きくなり、業績や自己資本比率への影響も鮮明になろう。

コンダクトリスク

コンダクトリスクとは、オペレーショナルリスクの中で、特に「顧客保護」「市場の健全性」「有効な競争」へ悪影響を及ぼす行為が行われるリスク（英国：金融行為監督機構）。

コンダクトリスクは、金融機関に期待される行為（コンダクト）として、「顧客の正当かつ合理的な期待に応えることを、まず第一に自らの責務として捉え、顧客への対応や金融機関同士の行動や市場での活動で示すこと」を定義し、それを受けて、「顧客保護」「市場の健全性」「有効な競争」に対して悪影響を及ぼす行為が行われるリスクをコンダクトリスクとして定義したものである。

コンダクトリスクの位置付けは以下のように図示される。コンダクトリスクが生じる場合を類型化すると、①金融機関の役職員の行動等により、利用者保護に悪影響が生じる場合②市場の公正、透明に悪影響を与える場合③客観的に外部への悪影響が生じなくとも自身の風評に悪影響が生じ、それによってリスクが生じる場合があるとされている（**金融庁**：コンプライアンス・リスク管理基本方針（案）2018年7月）。

過去に一部金融機関で問題になった書類偽造による不適切な融資などは書類偽造という犯罪行為と、返済能力の無い顧客に対する貸し出しという利用者保護に悪影響を与えるコンダクトリスクが複合したオペレーショナルリスクが顕在したものであると言える。

出所：日本銀行金融機構局金融高度化センター資料より一部加筆

RAF（リスクアペタイト・フレームワーク）

経営陣らがグループの経営戦略などを踏まえて進んで受け入れるリスクの種類と水準について、対話・理解・評価するためのグループ内共通の枠組み。

リスクアペタイト・フレームワーク（RAF=Risk Appetite Frame-work）の整備は、2009年10月に公表されたシニア・スーパーバイザーズ・グループの報告書「2008年グローバル金融危機からのリスク管理上の教訓」で、金融機関のリスク管理において今後改善が期待される項目の1つとして示されている枠組み。これとともに、**FSB（金融安定理事会）** が2011年10月に公表した報告書「システム上重要な金融機関への監督の密度と実効性」において、監督当局の主要課題として認識されてきた。

その後、FSBは2013年11月に「実効的なリスクアペタイト枠組みに係る原則」を公表した。実効的なRAFの導入をコーポレートガバナンスに関する規制上の課題と位置付けて、リスクアペタイトに関連する用語の定義の共通化を図るとともに、RAFに係る諸原則について提言している。

この原則では、リスクキャパシティーを「会社が取得できるリスクの最大水準」、リスクアペタイトを「リスクキャパシティーの範囲内で、会社が戦略的な目標やビジネスプランを達成するために進んで取り得る総括的なリスクの水準と種類」としている。

さらに、「リスクアペタイトを定量的、及び定性的な観点から明確に文書化したもの」をリスクアペタイト・ステートメント、「会社全体のリスクアペタイト・ステートメントをビジネスラインや法的主体、特定リスク分野などに配分し

たフォワードルッキングな（目先のことだけではなく、将来まで見据えた）定量的基準」をリスクリミットと位置付けている。その上で、「リスクアペタイトの設定、伝達、及びモニターに係る方針、手続き、コントロール及びシステムを含む全体的なアプローチ」をRAFと定義している。

また、RAFの原則としては①社内だけでなく社外の利害関係者にRAFを伝えるプロセスを定めること②トップダウンのみならず全ての層のマネジメントがボトムアップで関与し推進されること③過度なリスクテイクを抑制するものであること④経営判断について討議を促す共通言語となること⑤会社全体の観点からビジネスラインなどのリスクリミットやリスクアペタイトを調整するなどビジネスやマーケットの変化に適用可能であること――などと広範囲にわたり提言している。

さらに、RAFにおける取締役会及び最高経営責任者、最高リスク管理責任者、最高財務責任者のそれぞれの責任と役割を明確に規定し、社内のトップ層による積極的なリスク管理への取り組みを強く推奨している。既に、RAFを戦略的な意思決定及びリスクプロファイルの適正化に有効活用している海外金融機関の事例も報告されている。

日本では、**金融庁**がリスクアペタイトを「自社のビジネスモデルの個別性を踏まえた上で、事業計画達成のために進んで受け入れるべきリスクの種類と総量」と表現し、「資本配分や収益最大化を含むリスクテイク方針全般に関する社内の共通言語として用いる経営管理の枠組み」をRAFと定義した。コロナ禍の影響に伴う各種計画の見直しが求められる中、**ストレステスト**等を活用したリスクアペタイトの機動的な見直しができる枠組みの構築並びに運用がより一層重要になっている。

内部監査

ガバナンスの構成要素。リスクベースかつフォワードルッキングな観点から客観的・独立的な保証、アドバイス、見識を提供することにより、組織体の価値を高め保全する活動。

金融庁では、内部監査を3段階に分類。第1段階は事務不備検査。内部監査の本来の使命、役割に関して経営者、取締役会等の理解が不足すると内部監査は規定・マニュアル等の準拠性に関する事後検証にとどまる。経営者の指揮下で行う事務不備検査は、本来、3線ではなく、1・2線の内部統制プロセスの一環である。

第2段階は、リスクベース監査。経営目標の実現を保証するため、リスク評価を行い内部統制の整備・運用状況について独立的・客観的な評価を行う。本部監査やテーマ監査に重点を置き、営業店の事務不備検査を1・2線に移管へする動きが広がっている。

第3段階は経営監査。金融危機後、内部監査には問題が起きる前に警鐘を鳴らす役割が求められるようになった。フォワードルッキングな視点から保証機能を発揮する。内部監査を取締役会・監査役会の指揮下に置き、高い専門性を有する監査要員を配置。取締役会等と同じ視点で経営に資する監査を行う。監査の付加価値が高まり、内部監査の組織内のステータスも向上している。

なお、海外の先進的な金融機関では、内部監査は、第4段階を迎えている。保証機能を超え独立的・客観的な立場から取締役会に対して、適時の経営診断や高度な提言を行うことによりトラスティッド・アドバイザーとしての地位を確立している。

ストレステスト

ストレステストとは、金融危機時に業務継続ができるか銀行の耐久力を図る手法。リーマン・ショックにより銀行破綻が相次いだのを受け、米国と欧州は定期的に実施している。

ストレステストとは、アジア通貨危機、リーマン・ショックなど市場暴落のようなストレス事象を念頭に、シナリオに基づき損失規模を評価するリスク評価手法である。

Value at Risk（VaR）に代表される従来のリスク評価手法では、過去データから統計的に算出したシナリオを用いて損失規模を評価するが、ストレステストでは将来懸念されるストレス事象を用いる。シミュレーションの結果として、自己資本比率が一定水準を下回る、債務超過に陥る場合には、自己資本増強などのプラン策定が必要となる。

なお、狭義の「ストレステスト」は、米国の**連邦準備制度理事会（FRB）**が2009年の金融危機時から実施。米国の失業率や経済成長率が大きく悪化した場合の損失発生状況を査定し、資本不足額を試算した健全性検査を指す。金融機関の資産内容の透明性を高め、資本増強を促し金融システムを安定化させる狙いがある。FRBは、コロナ禍を踏まえ、米国で事業展開する大手銀行を対象にした2020年の「ストレステスト」の結果を受け、一定期間の自社株買いを禁止、配当制限を課した。

また、欧州連合の銀行監督機関である欧州銀行監督機構も、欧州債務危機を受けて2009年以降、主要行の健全性を点検する「ストレステスト」（健全性審査）を定期的に実施。なお、コロナ禍で2020年の実施は延期され、2021年7月に公表される予定。

休眠預金

長期間にわたって預け入れや引き出し等の取引の無い預金。2016年に休眠預金法案が成立し、2019年より休眠預金をNPO等の団体に助成や融資する事業が開始された。

長期間、取引の無い預金口座は休眠預金として取り扱われる。従来、大半の金融機関は最終取引日から10年経過した時点で雑益として処理していた。民営化前の郵貯の定額貯金等に関しては、満期から20年2か月後に権利が消滅する取り扱いとなっている。

2011年の国会質疑で、当時の菅直人首相が休眠預金の活用について前向きな答弁を行ったことを契機に、休眠預金の活用の検討が開始された。その後、2013年の参院選時の自民党の公約に休眠預金の活用が盛り込まれ、2014年5月には超党派の休眠預金活用推進議連が結成された。2016年12月に「休眠預金法案」が成立、2018年1月に施行された。

同法の下では、最終取引から10年を経過した休眠預金に関しては、預金権利者の預金債権を消滅させ、預金保険機構に移管することとされている。預金保険機構は、将来の払い戻しに備える分を除いた資金を公益的な事業活動向けの融資や出資、助成などに充当する。2019年12月には第1回の資金配分団体が決定し、休眠預金を活用した事業がスタートした。

最近、一定期間未利用の預金口座に課金する仕組みを導入する銀行が増えている。マイナス金利政策による利ざやの縮小に加え、休眠預金法の施行により休眠預金に関連した事務負担が増加している。未利用**口座管理手数料**の導入の活発化の背景には上述した事情があると考えられる。

老朽化マンション対応問題

金融界における老朽化マンション対応問題とは、老朽化が進むマンションの管理組合支援などを目的とする融資の取り組み検討のことである。

従来、マンションの管理組合は法人格を持たず、担保や保証が取れないことから破綻すれば回収不能となるリスクが高く、融資は多くの金融機関にとって未知の領域であった。

一方で、管理組合の収入源である管理費積立金は、安定的に確保することができ、滞納率が低ければ、資金収支計画は確実に見通せる利点もある。金融機関が長期の資金繰り計画策定を支援すれば一時的な不足資金の融資につながることから、いくつかの金融機関が勉強会の立ち上げ、融資の取り扱いを始めるなどの動きが出てきている。

マンション管理組合に対する融資には、事業性融資、住宅ローンなどとは違う課題も多い。例えば、死去した所有者の相続人による管理・積立金の支払い滞納が増加傾向にあること、タワーマンションなど投資家が所有するマンションは管理組合に非協力的な場合が多いこと、何よりも住民の当事者意識が低い場合は、管理組合が機能不全となり、マンションの修繕計画の策定そのものがおろそかになる場合がある。

マンション管理組合に対して、融資を行おうとする場合、地域の課題解決という金融機関本来の使命を果たす姿勢が従来にも増して求められる。単に資金計画の策定支援、建設業者の紹介、融資の実行、回収だけでなく、管理組合との深い対話を行っていくことが必須と言えよう。

所有者不明土地問題

「所有者台帳（不動産登記簿等）により、所有者が直ちに判明しない、又は判明しても所有者に連絡がつかない土地」とされる所有者不明土地にまつわる問題。

経営・市場

誰が所有しているのか分からない「所有者不明土地」が、全国で増えている。所有者不明土地問題研究会の推計では、2016年時点の所有者不明土地の面積は約410万ヘクタール。何も手を打たなければ2040年には約720万ヘクタールと、北海道本島に近い面積まで増える見込み。

土地相続時の相続登記の法的義務が無いのが、所有者不明土地発生の原因である。登記費用や固定資産税がかかるため、資産価値が低い土地では相続登記されない例が発生し、死亡した元所有者の名前が登記簿に残る。何世代も登記が変更されないと、所有者の特定は困難になる。

国土荒廃、課税漏れ、獣害、治安悪化、廃墟、土地利用・取引の停滞等、土地所有者不明の弊害は大きい。土地が利用できないことでの機会損失、所有者探索費用、税の滞納等による経済的損失は、2017〜2040年の累計で、少なくとも約6兆円と推計されている。

所有者不明土地問題研究会の提言を受けて、政府は既存の所有者不明土地の利活用と、新たな所有者不明土地の発生を抑える仕組み作りに乗り出した。所有者不明土地の利用の円滑化等に関する特別措置法が、2019年6月に全面施行され、制度が徐々に整備されつつある。2021年の通常国会には民法と不動産登記法の改正案が提出される予定。相続登記の義務化、土地所有権の放棄容認、遺産分割協議の期限設定等が検討されている。

オプトアウトと情報共有

2020年の個人情報保護法改正内容の1つ。個人情報の権利保護のため、不正取得された個人情報等は、オプトアウト規定により第三者に提供できる個人情報の対象外とされた。

「オプト（opt）」とは「選択する」の意味で、オプトアウト（opt-out）規定とは、本人の求めがあれば事後的に停止することを前提に、提供する個人データの項目等を公表等した上で、本人の同意無く第三者に個人情報を提供できる制度である。個人情報に対する意識の高まり、技術革新を踏まえた保護と利活用のバランス、越境データの流通増大に伴う新たなリスクへの対応の観点から、2020年6月、改正個人情報保護法が公布され、個人の権利のあり方、事業者の守るべき責務のあり方が改正された。改正法は、公布後2年以内に全面施行される予定。

個人の権利のあり方の改正内容の1つに、オプトアウトの仕組みによる第三者への個人情報提供の制限がある。第三者に提供できる個人情報の範囲から、①不正取得された個人情報②オプトアウト規定で提供された個人情報が対象外となった。

法改正により、名前、住所等の個人情報を含む名簿の売買に関する規制が厳しくなる。これまでは、名簿屋に自分の情報を問い合わせるのは難しかったため、本人が削除等を求めなければ同意しているとみなすオプトアウトの仕組みで名簿が売買されてきた。

法改正後は、名簿屋が同業者から入手した個人情報は、本人の同意無く第三者に転売することが禁止される。本人が知らないところで、名簿の転売が繰り返されないようにする狙いがある。

FATF・マネロン対策

日本は、マネーロンダリングやテロ資金供与の防止対策の遅れを指摘されてきた。FATFの第4次対日相互審査は終えたが、対策への継続的な取り組みが求められる。

経営・市場

FATFは、Financial Action Task Force（金融活動作業部会）の略。マネーロンダリングやテロリストへの資金供与を防ぐための国際協調を推進する組織で、39の国と地域、2つの国際機関がメンバーとなっている。

日本は、2008年に受けた審査（第3次対日相互審査）において、49項目中25項目で「要改善（不履行＋一部履行）」という厳しい評価を受けた。

さらに、2014年6月には指摘事項に対する対応の遅れから、FATFよりマネーロンダリングやテロ資金供与対策について迅速な立法措置等を促すという異例の声明を受けることとなった。

これらを受け、法整備が進められるとともに、**金融庁**を含む関係当局は「マネロン対策のガイドライン」等を作成し、各金融機関に迅速な対応を求めてきた。2019年秋、第4次対日相互審査（オンサイト・レビュー）が行われたが、新型コロナウィルス流行の影響を受け、結果の公表は、当初の予定よりも遅れている。

FATFの審査結果のいかんに関わらず、国際メンバーの一員として、日本の金融機関に継続的な取り組みが求められることは論をまたない。

他方で、地域金融機関を中心に個別行での対応には限界があるのも実情である。そのため、SI企業が勘定系システム共同化とあわせて当該対策の提供を進めるなど、業務の委託を受けるプレイヤーも登場してきている。

犯罪収益移転防止法

マネーロンダリングやテロ資金供与を防止するため、金融機関等に対して本人確認や疑わしい取引の届け出義務を課した法律。近年、本人確認に関わる改正が実施された。

2008年に施行された犯罪収益移転防止法（以下、犯収法）は、その後数次にわたって改正により厳正化がはかられるとともに、ITC技術革新の進展にあわせた手続きの見直しが実施されている。

2013年4月施行の改正では、取引時の確認事項の拡充やハイリスク取引の類型の拡大、などが実施された。2016年10月に施行された再改正では、①疑わしい取引の届け出の判断方法の明確化②法人の実質支配者の確認の強化③写真の無い身分証明書を使用する場合の本人確認手続きの厳格化、などが導入された。

その後、犯収法の施行規則が改正され、本人確認方法が変更された。まず、2019年11月から**eKYC**（electronic Know Your Customer）と呼ばれるオンライン上で顧客が画像やIC情報を送信することにより、本人確認手続きを完結させる方法が認可された。

2020年4月には、顧客が金融機関等に本人確認書類を送付する場合の手続きが厳格化された。あわせて、金融機関等が顧客に本人限定の郵送文書を送付し、本人確認する方法の手続きも厳格化された。

金融機関にとって犯収法のコンプライスに関わるコストは大きい。特に、海外送金の事務負担が重いため、多くの銀行が取り扱いを縮小させている。一方、eKYCは顧客の事務手続きの負担を軽減する仕組みであるため、多くの金融機関が口座開設手続き等で導入を開始している。

暴力団排除条項

暴力団等との取引拒絶や、取引開始後に取引の相手方が暴力団等であることが判明した場合に契約を解除する旨を記載した契約条項。金融機関は厳正な運用が求められている。

近年、暴力団等の反社会的勢力（以下、反社）は活動実態を隠すために通常の企業活動を装うなど、資金獲得活動を巧妙化させている。こうした状況に対応するため、2007年に政府は「企業が反社会的勢力による被害を防止するための指針」を公表し、対策の1つとして暴力団排除条項（以下、暴排条項）の導入が盛り込まれた。

指針を踏まえ、2008年3月に**金融庁**は各業態向けの監督指針を改正し、同年11月に全国銀行協会は銀行取引約定書の暴排条項の参考例を発表、2009年には普通預金や当座勘定などの参考例が公表された。2011年には、暴力団の共生者や元暴力団員も排除対象とすることを明確にする改正

が実施された。現在、多くの銀行が暴力団離脱後も5年間は口座開設に応じない「元暴5年条項」を導入している。

2013年にみずほ銀行の提携ローンに係る暴力団員向け融資の問題が発覚し、金融庁は反社対策を強化した。2013年12月に金融庁は「反社会的勢力との取引遮断に向けた取組み推進について」を公表し、その内容は監督指針にも反映されている。

2018年1月から、反社情報システムの取り扱いが開始された。銀行は預金保険機構を経由して警察庁の保有する反社データベースに照会することとされている。これに伴い、銀行の個人向けカードローン等に関しては、即日融資の扱いが不可能となった。

超低金利環境と副作用

超低金利は資金調達面ではプラスに作用する一方、金融機関の収益率低下、投資家の過度なリスクテイク、日本銀行のバランスシート肥大化などの負の側面も無視できない。

超低金利環境は**日本銀行**の非伝統的金融政策によるものではある。しかし、金利はマクロ経済の体温計と呼ばれ、長期的な低金利傾向の根本原因は、経済の体温の低さにある（そして、その結果として金融緩和を続けることになる）。この傾向は、日本に限らず、先進国に共通してみられる問題となってきている。

原因は経済の供給と需要の両面にあると考えられ、例えば、生産性・収益性の低さ、人口構造の変化が指摘される。超低金利政策により、貸し出しが促され、経済の回復につながることが期待される。そして、政府の利払い負担も抑えられる。だが、同時に副作用も意識することも肝要だ。

第一には、金融機関の収益悪化だ。例えば貸出金利の過度な低下は、収益圧迫要因となり、金融仲介機関の資金供給能力が低下する。このメカニズムについてリバーサルレート論では、むしろ金融引き締め的効果すらあると警鐘を鳴らす。第二に、低金利下で、利ざやを求めて投資家が過度にリスクテイクをする懸念がある。第三に、金融機関への負の効果を通じた人々の消費マインド悪化が指摘できる。

このような負の影響をにらみつつ、デフレマインドを払しょくしようと、日銀は金融緩和を続け、異次元緩和にまで踏み込んでいる。その結果、日銀のバランスシートはGDP比でみると、世界最大規模に膨れ上がっている。

LIBOR 廃止の影響

金利指標であるLIBORは、2021年末以降の恒久的な公表停止の可能性がある。デリバティブ契約、企業向け貸し出しや社債の発行条件等で利用されており、廃止の影響は多岐に及ぶ。

LIBOR（London InterBank Offered Rate）は、ロンドンの銀行間取引市場において、複数のパネル行が呈示するレートの平均金利として算出される金利指標である。

2012年夏以降のLIBOR不正操作事件を踏まえ、2017年に英国の金融当局であるFCA（金融行為規制機構）が、「2021年末以降、LIBORを存続させるための公的な支援を行わない」旨を表明し、LIBORの公表停止の可能性が高まっている。

LIBORは、金利スワップなどのデリバティブ契約で主に用いられているが、企業向けの貸し出しや社債の発行条件などで使われるケースも多く、金融機関だけでなく、事業法人や機関投資家など多様な利用者の間で活用されている。

LIBORを利用する企業や金融機関においては、新規契約時や契約の条件変更などにより、LIBORの恒久的な公表停止前に代替金利指標を利用したり、契約についてLIBORの公表停止後などの取り扱いを、あらかじめ合意しておくことが求められる。

LIBORに代替する金利指標としては、日本円金利指標に関する検討委員会において、ターム物RFR金利が最大の支持を得たことから、現在TORF（Tokyo Term Risk Free Rate）が、市場参加者や金利指標利用者が事務体制等を整備するためのみの参考値として公表されており、今後実際の取引に用いる確定値の段階に向けて準備が進められている。

香港一国二制度 崩壊危機

50年間香港の自治を保証する一国二制度が、2020年成立の国家安全維持法で脅かされている。外国企業が香港で事業を縮小し国際金融センターとしての地位が後退する懸念がある。

1.返還と一国二制度

香港は、1842年の南京条約により英国の領土となったが、1997年7月1日、主権は中国に返還され中国の特別行政区となった。その際の英中共同声明で、香港に50年間、一定の自治を与え、一国二制度とすることが約束された。

しかし、中国は徐々に香港の自治への介入を強め、市民の行動を制限し、2020年6月、習近平国家主席は香港での反体制活動を禁じる「香港国家安全維持法」を公布した。

2.国家安全維持法の影響

国家安全維持法に代表される中国による統制強化は、香港の発展を支えてきた高度な自治と自由を揺るがし、日本企業を含む外国企業の香港での活動に影響を与える。

また、英国ロンドンに似た洗練された制度を基に培った、国際金融センターとしての地位に変化が生じる懸念がある。

3.金融中心は上海・深センに

1997年の返還以来、中国の金融市場整備が不十分であったため、香港は中国の対外金融取引の中心として重要な位置にあった。しかしその後、上海、深センの市場の発展を受け、中国にとっての香港の位置付けは低下しているともみられる。これも、中国が香港での統治を強める1つの理由であるとも考えられる。

他方、東京、シンガポール等の他の国際金融センターにとっては、香港の衰退はシェアを奪うチャンスでもある。香港の一国二制度の後退の影響は多様である。

米中貿易対立激化

2018年の米国の対中国関税引き上げに始まる中国との2国間通商摩擦。関税引き上げの他、中国企業との取引禁止等を含む。米国・中国のみならず、世界に甚大な影響をもたらす。

1.関税引き上げ合戦

米国ドナルド・トランプ大統領は、2016年の選挙前から対中国貿易赤字を問題視し、強硬措置を主張してきた。そして大統領就任後、2018年1月に中国に対してセーフガードを発動し、太陽光パネル、洗濯機に、同年3月には鉄鋼・アルミニウム製品に追加関税を課した。これに対し、中国は果物など128品目の米国製品に報復関税を課した。

2018年7月には、米国は中国からの輸入品340億ドルに25％の追加関税を課し、中国は同規模の報復関税を課した。米国は2019年9月まで、5度にわたり資本財・生産財、消費財に追加関税を課し、中国はその都度報復関税を課した。

この間、2019年6月の米中首脳会談において貿易戦争終息が期待されたが協議は決着せず、米国は2019年9月に合計1,200億ドルの追加関税を上乗せした。

しかし、その後の米中協議により、2019年12月にようやく合意がなされ、12月15日に発動が予定されていた追加関税は実施が見送られた。2020年に入ると、米中の争点は、個別中国企業との取引禁止やコロナ問題への対応に移っていった。

2.ファーウェイとの取引制限

2019年5月、米国は安全保障上の理由により、連邦政府から補助金を受ける米国企業がファーウェイと取引することを禁止した。この結果、ファーウェイは米国製部品等の調達が困難になった。

こうしたファーウェイ封じ込めは、5Gの開発で世界をリードするファーウェイの活動にブレーキをかけるとともに、ファーウェイにOSや半導体を供給する米国企業、あるいは米中以外の企業にも多大なダメージを与えている。

さらにトランプ政権は、2020年9月、中国初の動画投稿アプリ「TikTok」の米国内での配信の禁止措置を発表した。TikTokは米政権を連邦地裁に提訴し、9月27日配信禁止は差し止められた。

これに対し中国は、安全保障に係る財等の輸出禁止を企図している。中でも、レアアースが禁輸されると、日本企業も深刻な影響を受ける。

このように、米中通商摩擦は関税引き上げにとどまらず、多様な展開を示す。今後は、大統領選挙の結果によっても展開が異なると考えられる。

3. 米中・世界経済への影響

米国の対中輸入はGDP比2.6％、中国の対米輸入はGDP比1.2％であり、関税引き上げ合戦を通じ、米国は輸入経由で国内物価上昇等の悪影響を受けやすい。他方、米国の対中輸出はGDP比0.6％、中国の対米輸出はGDP比3.6％であり、中国は輸出停滞による悪影響を受けやすい。経路の違いはあるが、関税引き上げ合戦は、米中双方の経済に打撃を与える。

さらに、他の国々の米国・中国向け輸出も減少し、世界貿易・世界の経済成長も悪影響を受ける。日本の輸出も、対中輸出を中心に2019年から減少を続けている。IMF試算では、米中貿易戦争は世界GDPを0.8％引き下げる。ただし、米中貿易戦争の狭間で輸出機会を拡大し得る国もある。例えばベトナムや台湾は、中国向け輸出が低迷する一方で、米国向け輸出が増加し、輸出全体では増加基調にある。これはベトナムや台湾が、中国の代替国の位置付けにあることを示す。

IV サステナビリティ・環境

人生100年時代の資産管理

長寿化の進展により、寿命より先に金融資産が枯渇する「長生きリスク」への懸念が高まっている。老後不安が高まる中、現役期と高齢期の各段階で適切な資産管理が求められる。

人生100年時代を迎える中、資産管理の重要性が増している。長寿化自体は医療技術や社会保障制度の充実の産物であり喜ばしいことだが、想定よりも長生きすることで資産が枯渇する「長生きリスク」がより懸念されるところである。現役期及び高齢期において、資産寿命を延ばすための工夫がより必要となる。

1.現役期

2019年に「老後資金2,000万円」問題が大きな話題となった際に、公的年金への批判も一部見られたが、国民年金や厚生年金は一生涯受給できる終身年金であり、長生きリスクへの対応のための最も有効な手段であることは間違いない。

その上で、現役期において

は「時間」を味方に付け早い段階から長期での積立投資が有効だと考えられる。近年は、iDeCo（個人型確定拠出年金）の加入対象範囲の拡大やつみたてNISA（少額投資非課税制度）の導入など長期・積み立て投資を促す制度は充実してきている。

今の現役期の世代は、より高齢の世代に比べ、金融資産をほとんど保有していない世帯の割合が高くなっている。特に、就職氷河期世代ではその傾向が顕著である。これらの世代の資産形成を促すためには、まとまった資金が無くても資産形成できる少額貯蓄・投資も有効であると考えられる。つみたてNISAやiDeCoの活用のほか、おつり貯金・投資やスマホ証券といったフィ

ンテック関連サービスも、現役期の資産形成促進策として期待される。

単身世帯や非正規雇用者の増加、持ち家比率の低下など世帯の多様化が進んでいる。人生100年時代においては、画一的でない、顧客の状況に即した金融商品・サービスの提供やマネープランの提案が金融機関には期待される。

2.高齢期

高齢期の長生きリスクの軽減のために、支出の見直し、退職金の運用や効率的な資産の取り崩し、就労延長や年金の繰り下げ受給による年金額の増額、住宅資産の売却や**リバースモーゲージ**による金銭化など様々な選択肢があり、複雑な意思決定が必要となる。高齢者の健康状態によっては、多額の医療費や介護費なども懸念材料となる。

保有する金融資産をうまく運用しながら取り崩すことも高齢期には必要となるだろうが、その際に直面し得るリスクとしては認知機能の低下が挙げられる。このリスクへの対応策としては、高齢者から金融機関に投資の全部または一部を一任する投資一任サービスが考えられる。同サービスでは、**生前贈与**や信託関連の機能が付帯されたものも登場している。また、取引関係のシンプル化や信頼できる者との金融面の必要情報の共有で万が一の際に親族等の負担を軽減することができる。必要に応じた、任意後見制度の活用や信託サービスの利用も考えられる。認知機能の低下・喪失は誰にでも起こり得ることであり、事前の対応が重要となろう。

このように高齢顧客のニーズや課題が多様となる中、2020年8月に公表された**金融審議会**の「市場ワーキング・グループ報告書」では、金融業者が高齢顧客に対して「顧客本位の業務運営」に取り組んでいくことが期待されるとしている。

改正相続法

2018年7月に成立した改正相続法が、2020年7月に全面施行された。預貯金の仮払い制度や配偶者居住権の創設など、金融機関にとっても重要な改正が盛り込まれている。

サステナビリティ・環境

高齢化社会の進展に伴う老々相続の増加や、高齢配偶者保護の必要性の高まりを受け、相続に関する民法等の規定（相続法）について、約40年ぶりの大改正が実現した。

預金業務に関しては、葬儀費用など緊急の払い戻しに対応するため、預貯金の仮払い制度が導入された。遺産分割前に各相続人が、自分の法定相続分に相当する預貯金の一定額まで金融機関の窓口で直接払い戻しを請求する方法と、裁判所の判断を経て請求する方法がある。

相続人が法定相続分を超える財産を取得した場合、改正後は、取得したことを第三者に主張するためには、取得方法を問わず登記や通知等の対抗要件が必要になった。ただ

し共同相続人が預貯金の取得を銀行に主張するには、1人の通知で足りる。

遺留分が主張されると、遺産自体が遺留分権利者のものとなったが、改正後は遺留分相当額の金銭請求に変わった。金融機関にとっては、預貯金・金融商品や担保不動産について遺留分権利者との共有関係が生じるなど、払い戻し対応や権利行使が複雑となる事態が生じなくなり、権利処理が容易になることが期待できる。

借入金などの相続債務については、債権者は実際の相続分に関係無く法定相続分に従って各相続人に請求できることが明文化され、金融機関は請求しやすくなると思われる。遺言信託業務では、遺言内容を実現する遺言執行者の権限

見直しが重要。遺言内容の相続人への通知義務、不動産の登記申請や預貯金の払い戻し・解約などの権限が明文化された。遺言執行者がいるにも関わらず相続人が勝手に売却した遺産は取り戻せない場合がある点に留意が必要。

全文自筆が必要な自筆証書遺言の作成方法が緩和され、別紙で添付する財産目録の自筆が不要となった。2020年7月10日からは自筆証書遺言を法務局で保管することが可能になり、自宅で保管する場合の紛失や改ざんのリスクを回避できる。

遺産分割については、遺産の一部のみの分割の明文化により、預貯金などの迅速な権利処理が期待される。一方で、改正前は遺産分割対象外であった、分割前に処分された財産も相続人全員の同意を条件に遺産分割対象とすることができるようになり、遺産の範囲を巡って分割手続きが長期化することも懸念され

る。相続人の配偶者等、相続人以外の者（寄与分制度が利用できない）が介護などをした場合、相続人に「特別寄与料」の請求ができることも把握しておきたい。

「配偶者居住権」が導入され、相続開始時に被相続人の持ち家に住んでいる配偶者が、原則亡くなるまでの間、持ち家に住み続けることができるようになった。所有権より評価額が低いため、住む場所を確保しつつ他の財産（預貯金等）も相続しやすくなる。不動産を担保に融資する場合に、配偶者居住権を踏まえて審査することや、先に登記を備えた配偶者居住権に担保権が劣後する点に留意すべきだ。

相続法に関しては、**所有者不明土地問題**に対応するため、相続登記申請を義務化することや、遺産分割に期間制限を設けることなどの見直しが検討されており、引き続き注視していく必要がある。

生前贈与

贈与は、当事者の一方が自己の財産を無償で相手方に与える行為。贈与者の死亡により効力を生ずる死因贈与に対し、生前に行われる贈与を一般に生前贈与と言う。

サステナビリティ・環境

贈与（生前贈与）は、民法上「当事者の一方（贈与者）が自己の財産を無償で相手方（受贈者）に与える意思を表示し、相手方が受諾する事によって、その効力を生ずる」とされている。無償契約・片務契約の典型である。

また、贈与者個人からの贈与を受けた受贈者個人には、贈与税が課される。贈与税の原則的課税方式である暦年課税では、超過累進税率（10〜55％）が採用されている（特例制度として「相続時精算課税制度」がある）。

「平成25年度税制改正の解説」においては、わが国の家計資産の6割を高齢者が保有している一方、被相続人の高齢化が進んでいるため、相続などによる若年世代への資産移転が進みにくい状況にある、と説明されている。

このような状況を踏まえ、政府は高齢者が保有する資産をより早期に現役世代に移転させ、消費拡大や経済活性化を図るべく、2001年以降、贈与税制の抜本的改正と連年の緩和を段階的に進めてきた。

贈与税は、税率の累進構造が相続税率に比して急峻であるが、一定額以下の贈与については、基礎控除の影響などから、相続税額に対して低水準となる。また、各種非課税贈与特例などの施策により、納税負担が軽減されていることや、相続税の課税強化などの影響も相まって、近年は贈与件数が増加傾向にある。

相続実務上は、遺留分算定に際し留意が必要である。

金融ジェロントロジー

老年学や脳・神経科学、認知科学などの分野の研究蓄積を高齢期の資産選択、運用、管理に応用する学問分野。この学問的見地を金融サービスに取り入れることが期待されている。

1980年代末に米国で確立された学問領域だが、高齢化が進展する中で関心が高まっている。

高齢者に大きく偏る家計金融資産が適切かつ効率的に運用・活用されない場合、高齢者本人や親族のみならず経済全体にも大きな影響を及ぼし得る。そのような課題解決のため、金融ジェロントロジーの知見の活用が期待されている。2019年6月公表の**金融審議会**市場ワーキング・グループの報告書「高齢社会における資産形成・管理」でも、学問的見地を取り込むことで認知能力の低下した高齢顧客の増加に備えるべき旨が記載されていた。

金融ジェロントロジー研究から、高齢期の資産管理における様々なことが分かってきている。例えば、認知症ではない高齢者でも、理解・判断・論理などの知的機能である認知能力や**金融リテラシー**が低い人ほど、それ以外の人に比べて詐欺に遭いやすいことが分かっている。

また、資産運用の面では、認知能力が低い投資家は高い投資家に比べて運用成績が低くなることも分かっている。

これらの知見を金融サービスに取り入れることを目的に大学等の研究機関との連携を図る金融機関も増加している。2019年4月には慶應義塾大学と複数の金融機関が共同で日本金融ジェロントロジー協会を設立した。金融機関の営業員向けオンライン研修の提供などを行っている。

家族信託

受託者が信託業を営む者ではなく、営利を目的としない信託契約。柔軟なオーダーメイドのスキームを作れるため、相続や事業承継対策の有力なツールとして注目を集めている。

1.概要

受託者が信託業を営む者ではなく、営利を目的としない信託契約のこと。こうした信託契約は通常、家族や親族等が受託者となるため、「家族信託」と呼ばれる。

営利を目的とする「商事信託」との対比で、「民事信託」と称されることもある。家族信託は、遺言書や**成年後見制度**では不可能な、資産の柔軟な管理・運用・処分を伴うオーダーメイドのスキームを作ることができる。多様なニーズや不安に対応できるので、相続や**事業承継**の有用なツールとして注目を集めている。

2.活用のメリット

活用の一形態として、認知症で判断能力が低下することを不安視する資産保有者（委託者）が、正常な判断ができるうちに、最も信頼できる者を受託者として信託契約を結び、あらかじめ定めた目的に従って、特定の人（受益者）のために、指定した時期に、特定の資産を、管理・運用・処分するよう定めておくことが考えられる。これにより、相続、事業承継などに関する自分の意思を貫徹できる。

このように、家族信託を使えば、特定の財産を相続時の財産分割協議から切り離して、確実に特定の相続人に相続させることができる。

障害のある子どもや認知症の配偶者など、自分の死後も生活を支援し続けたい人に対して、確実に支援を届けることもできる。

さらに遺言と異なり、家族信託では、相続人の死後の二次相続の時までを想定し、財産の行き先を指定することができるので、子どもへ、その後に孫へと、先々の承継順位を決めることもできる。

3.金融機関の対応

家族信託に対する関心の高まりを受け、司法書士、税理士、弁護士などの専門家との連携を深め、顧客から家族信託の活用が有用と考えられる相談を受けた際に、これら専門家を紹介する体制を整える金融機関が増えてきている。「家族信託（民事信託）サポートサービス」などと称して、家族信託の受託者に対し、「家族信託口座（普通預金口座）」など、信託目的の達成に必要な各種金融サービスを提供する金融機関も現れている。

「家族信託口座」は、家族信託の受託者には信託財産を自分の固有財産から切り離して管理する義務があることに対応し、要請を受けて審査を行った上で、信託財産であることが分かる口座名で預金開設を受け入れるものである。

4.信託銀行などが提供する家族信託類似のサービス

信託銀行などが提供する商品（商事信託）の中に、家族信託と類似の機能を発揮するものがあり、相続対策商品として注目を集めている。このうち「遺言代用信託」は、本人が自身の財産を信託し、生存中は本人を、本人の死亡後は、配偶者や子どもなどを受益者と定め、自分が死亡した後の財産の分配を、あらかじめ定めておいた形で実現するものである。相続発生後、必要な資金を特定の家族に迅速に渡したいと考えている場合等に有効である。

また「後継ぎ遺贈型受益者連続信託」は、財産を、あらかじめ定めた人に、複数世代にわたって承継することができるものである。

認知症対応

2035年に高齢者の25％が認知症になるとの推計もあり、認知症対応は急務だ。認知症への理解の促進や、認知機能の低下に対応する金融商品・サービスの提供が重要になる。

認知症は、正常に発達した認知機能が日常生活に支障を来すまで低下した状態を指す。75歳を過ぎると認知症有病率が急速に高まることが知られており、有病者のさらなる増加が見込まれる。

認知機能の低下は見られるが、日常生活への支障は大きくない軽度認知障害（MCI）も注意すべきだ。これらの認知機能低下により、例えば、金融詐欺被害にあいやすくなる、ATMが利用できなくなる、さらに認知症になると預貯金や不動産等の処分が困難になる等の影響をもたらす。

金融機関における認知症対応としては、営業員も含め組織的に認知症に対する理解を深めることがまずは重要だろう。認知症サポーター養成講座等の受講を進める金融機関も増加している。顧客の認知症が疑われる際に、営業員の対応方法のマニュアルやフローの整備も必要性が高まるだろう。その際に、地域包括支援センター等の地域の専門機関や親族等との連携も対応策として考えられる。

認知機能の低下リスクに対応する金融商品・サービスの提供も重要だ。例えば、信託サービスや投資一任サービスなど、資産管理が困難な本人に代わって受託者が資産管理を行うサービスがある。**後見制度支援信託・預金**のさらなる普及も期待される。近年は認知症保険も登場している。口座の取引情報等から金融詐欺や認知症を検知するシステムの開発事例も見られる。

サステナビリティ・環境

成年後見制度

認知症、知的障害、精神障害などの理由で判断能力が不十分な人（預貯金等の財産管理や介護サービスに関する契約締結などを自分で行うのが困難な人）を保護・支援する制度。

成年後見制度には、法定後見制度と任意後見制度がある。法定後見制度は、判断能力の程度などにより、後見・保佐・補助に分かれるが、その約80％は"後見"の利用者である。家庭裁判所で選任された成年後見人などは、本人（成年被後見人等）の利益のために、代理権・同意権・取消権により、保護・支援を行う。

任意後見制度は、本人（委任者）の判断能力が十分なうちに、任意後見受任者（選任後は任意後見人）との間で、公正証書による任意後見契約を結ぶ。任意後見人は代理権のみを持ち、本人の判断能力が不十分となった後、契約で定めた事務を通じて保護・支援を行う。

後見人などの職務は、本人の財産管理や法律行為に関するものに限られており、実際の介護などは行わない。また、本人の生活環境の変化や重要な財産の処分などについては、家庭裁判所の許可・報告などが必要になる。成年後見制度は、新たな不動産投資ができなくなるなど、財産管理が硬直的になることから、その他の財産管理の手法として、民事信託なども利用されている。

成年後見制度の利用促進を図るため、2016年「成年後見制度の利用の促進に関する法律」が成立した。これに基づき、2017年「成年後見制度利用促進基本計画」が閣議決定。2019年には、成年被後見人等に係る欠格条項の一律削除を盛り込んだ関連法案が成立している。

後見支援預金

後見支援預金とは、被後見人の財産のうち、普段使用しない金銭を管理する普通預金を言う。入出金には裁判所が発行する指示書が必要であるため、財産保護を確実に行うことができる。

後見支援預金は、被後見人の財産のうち、後見人が管理する日常の支払いに必要十分な金銭とは別に通常使用しない金銭を預託する預金を言う。

後見支援預金口座の開設や払い戻し、解約等の処理に、家庭裁判所の指示書を必要とすることで、安全性を確保している。**成年後見制度**または未成年後見制度を利用している者が対象で保佐・補助・任意後見での利用はできない。

信託銀行等は、2012年から、「後見制度支援信託」の取り扱いを開始した。

しかし、「後見制度支援信託」は、金融機関や専門職後見人への報酬が必要になることや最低預入金額が1,000万円以上等高額であるケースも散見されること、さらに信託銀行等の支店が少ない地方では利用できない等、利便性の問題が指摘されていた。

これらを背景に、2017年7月以降、信用金庫や信用組合等が、「後見支援預金」の取り扱いをスタートした。

基本的な流れは「後見制度支援信託」と同様だが、金融機関への報酬が無いことや、最低預入金額が無いこと、信用金庫・信用組合等は地方にも支店が多い等、利用者の利便性が高い。また、裁判所が監視役となっているため、親族間のトラブルを未然に防ぐ効果も期待することができる。

2020年現在、メガバンクや地方銀行も含めた一部の銀行も取り扱いを始めるなど、後見支援預金は徐々に広がりを見せつつある。

婚活支援

結婚・再婚を希望する独身者に対して、出会いの場の提供やその後の成婚までを支援するサービス。近年、地域金融機関が、後継者不足の取引先へ提供を始める事例もある。

結婚・再婚を希望する独身者に対して、企業や自治体がお見合いや交流パーティーなど主催し出会いの場を提供し、お互いの意向を踏まえて成婚までのサポートを行う。

少子高齢化や生涯未婚率の上昇という、わが国における社会問題を受けて行政や自治体も積極的に婚活支援に取り組んでいる。内閣府では、深刻さを増す少子化への対策として少子化社会対策大綱を策定した。「希望出生率1.8」の実現に向けて、「若い世代が将来に希望を持てるような雇用環境の整備」「男女共に仕事と子育てを両立できる環境の整備」「地域・社会による子育て支援」「多子世帯の負担軽減」と合わせて「結婚支援」にも取り組んでいる。具体的には、地方公共団体の総合的な結婚支援の一層の取り組みを支援することに加えて、結婚支援に取り組むNPOをはじめとする民間団体との連携強化を図る旨が明言されている。

金融機関の動きとしては、地方銀行などが婚活支援サービスを展開する企業と業務提携をし、取引先企業の独身の経営者等に対して**事業承継**支援の一環として婚活支援を行うという事例も増えてきている。その背景には、近年後継者不足を理由に廃業や事業売却を行う企業が少なくないということがある。

また取引先だけでなく、自社の福利厚生の取り組みの一環として、社員やその親族に対して婚活支援を行っている金融機関も存在する。

185

TCFD（気候関連財務情報開示タスクフォース）

TCFD（気候関連財務情報開示タスクフォース）とは、G20の要請を受け、金融安定理事会により、気候関連の情報開示及び金融機関の対応を検討するために設立された組織。

TCFDは、2017年6月に最終報告書として気候関連財務情報開示タスクフォースによる提言（TCFD提言）を公表。企業等に対し、気候変動関連リスク、及び機会に関して、「ガバナンス」「戦略」「リスクマネジメント」「測定基準（指標）とターゲット」の4つの要素から構成される11項目に（図表）従い開示することを推奨している。

TCFD提言の特徴は、気候変動に関する開示のフレームワークの一種であり、会計基準のような強制力はなく、企業・機関は、各国の開示ルールを踏まえて「賛同」という形をとっている点。賛同企業・機関は、TCFD提言に則った情報開示や情報利用についてそれぞれの主体に応じた自発的な活動が期待されている。

2020年9月現在、TCFD提言に賛同した企業・機関は、全世界で1,433にのぼり、短期間で最も成功した開示フレームワークの1つである。国別賛同数は日本が306で最も多く、米国（216）、英国（215）が続く。理由としては、多くの非金融セクターがTCFD提言に賛同している点が挙げられる。欧米では、TCFDがFSB（金融安定理事会）によって設立された経緯から、金融セクターの賛同が全体の約6割から7割程度を占めている。

日本では、主要な金融セクターの賛同だけではなく、非金融セクターでも大企業を中心に賛同の輪が広がり全体の65％を占めている。背景には、官民が連携しながらTCFD提言の浸透や日本への適用を進

めてきたことがある。

　具体的には、日本では、2018年12月に経済産業省の主催する研究会で「気候関連財務情報開示に関するガイダンス（TCFDガイダンス）」を公表するなど他の先進国と比較して早い段階からTCFD提言に対応した。また、2019年5月「TCFDコンソーシアム」を設立し、「対話」をテーマに非金融セクターも巻き込んだ実質的な議論の場を設けることでTCFD提言を日本に浸透させることができた。

　その最初の成果として、2019年10月、投資家に代表される情報利用者の気候変動に関する開示情報に対する視点を解説した「グリーン投資の促進に向けた気候関連情報活用ガイダンス」を公表。2020年7月、TCFD提言への賛同企業の増加に伴う対象セクターの拡大とコンソーシアムでの議論の蓄積を反映されるめ「TCFDガイダンス」を改訂し、「気候関連財務情報開示に関するガイダンス2.0」を公表した。このような取り組みが世界でも広く評価されるよう、国際的な議論に参加するだけではなく、気候変動開示に関する世界のオピニオンリーダーによる国際会議である「TCFDサミット」を日本で主催するなど情報発信にも積極的に取り組んでいる。

TCFD提言が求める推奨開示項目

		ガバナンス	戦略	リスクマネジメント	測定基準（指標）とターゲット
推奨開示項目		気候関連リスク・機会に関する組織のガバナンス	気候関連リスク・機会がもたらす組織の事業、戦略、財務計画への実際及び潜在的影響	気候関連リスクの特定、評価、管理方法	気候関連リスク・機会を評価・管理する際の測定基準とターゲット
	a	気候関連リスク・機会に関する取締役の監督	特定した短・中・長期の気候関連リスク・機会	気候関連リスクを特定・評価するための組織のプロセス	気候関連リスク・機会を評価に使用する測定基準
	b	気候関連リスク・機会の評価と管理における経営陣の役割	気候関連リスク・機会が組織の事業、戦略、財務計画に及ぼす影響	気候関連リスクを管理するための組織のプロセス	Scope１～３の温室効果ガス排出量及び関連リスク
	c		２℃以下シナリオを含め異なる気候関連シナリオ下での組織戦略のレジリエンス	気候関連リスクを特定・評価・管理するプロセスの組織の全体的なリスク管理への統合	気候関連リスク・機会を管理するターゲット・パフォーマンス

出所　TCFD（2017）より編集

グリーンスワンと金融危機

グリーンスワン（緑の白鳥）は気候変動問題を引き金に、世界的な金融危機に発展する可能性を表した造語。国際決済銀行が2020年1月の発表論文で初めて使い警鐘を鳴らした。

サステナビリティ・環境

従来の知識や経験では予測できない事態が顕在化した時に、金融危機に発展するリスクを意味する「ブラックスワン（黒い白鳥）」。2008年のリーマン・ショックなどの金融危機を指すが、グリーンスワンはそれにちなんだ造語。国際決済銀行がフランスの中央銀行とまとめた論文で使った。

気候変動を巡る社会や市場の激変で価値が大きく損なわれる資産は「座礁資産」と呼ばれる。国際決済銀行は低炭素化へ急激な変化が起これば投資資金が逃避し、金融危機につながる可能性を指摘した。

例えば、環境規制が強化されると、石炭・石油関連事業は大きな打撃を受ける。典型例は石炭火力発電だ。各国が再生可能エネルギー重視の政策に大きく転換すれば銀行の関連与信は事業価値が失われ、不良債権化するおそれがある。自動車メーカーなど製造業も環境対策を怠れば競争力を失いかねない。貸出資産が劣化すれば銀行の経営危機を引き起こす可能性がある。

気候変動リスクが銀行の自己資本比率規制に反映されるかは情勢次第だ。欧州には一定のシナリオに沿って銀行の財務状況を点検する**ストレステスト**に乗り出す国もある。オランダ中央銀行が初めて実施し、2018年に結果を公表。イングランド銀行は2021年中にも実施する。また、「気候変動リスクに係る金融当局ネットワーク」が2018年に設立され、日本を含む監督当局による議論も始まっている。

サステナブルファイナンス

持続可能な社会の構築に向け、気候変動等の環境問題や貧困等の社会課題の改善を意図する資金調達手段のこと。グリーンボンドやサステナビリティリンクローン等がある。

2015年のSDGs採択、パリ協定締結等、SDGs・気候変動が重要テーマになる中、企業の資金調達においても、サステナブルファイナンスでの調達が拡大している。

同ファイナンスは、環境・社会課題の解決に資するプロジェクトを適格資産とした資金使途限定型とサステナビリティ経営に取り組む企業を対象とする資金使途非限定型に大別される。債券は国際資本市場協会、ローンはLMA（Loan Market Association）等が策定した原則に則って組成されることが主流である。

資金使途限定型として、環境課題に対応するプロジェクトを使途とするグリーンローン／ボンド、社会的課題の解決に資するプロジェクトを使途とするソーシャルローン／ボンド、環境課題と社会課題の両方に係るプロジェクトを使途とするサステナビリティローン／ボンドがある。

資金使途非限定型は、企業のサステナビリティパフォーマンスの向上と調達条件を連動させるサステナビリティリンクローン／ボンドがある。

日本では、資金使途非限定型として、金融機関が企業の環境経営の取り組み等を評価し、融資条件等を設定する環境格付け融資は一定の浸透が見られてきた。新たな動きとして、グリーンボンドの発行基準を満たさないものの、低炭素経済社会等に移行するためのプロジェクトを資金使途とするトランジション・ファイナンスの議論が進んでいる。

SDGs（持続可能な開発目標）

SDGsは、国際連合が2015年に策定した世界共通の目標。貧困など17項目の地球規模の課題を設定し、2030年までに各課題の解決を通じて持続可能な社会の構築を目指す。

2015年9月、ニューヨーク国連本部において「国連持続可能な開発サミット」が開催され、193の加盟国によって「我々の世界を変革する：持続可能な開発のための2030アジェンダ」が全会一致で採択された。アジェンダは、人間、地球及び繁栄のための行動計画として、宣言及び目標を掲げている。「誰一人取り残さない－No one will be left behind」の理念の下、国際社会が2030年までに、持続可能な社会を実現するための重要な指針として、17の目標と169のターゲットからなる「持続可能な開発目標（SDGs）」が設定された。

SDGsは、2001年に策定されたミレニアム開発目標（MDGs：Millennium Development Goals）の後継とされており、MDGsの残された課題、この15年間に顕在化した都市・気候変動・貧困・格差などの地球規模の課題解決を目指すものと位置付けられている。

SDGs達成には、地球市民一人ひとりに焦点を当てることに加え、民間企業や市民社会の役割が重視され、あらゆるステークホルダーが連携することが求められている。日本では、政府・民間・研究機関・非営利団体など様々な主体が、SDGsを踏まえた意欲的な活動を始めている。

とりわけ民間セクターでは、SDGsに取り組むことによって新たなモノやサービスを生み出すアイデアを獲得したり、さらなる成長機会と捉え

たりして、中長期の経営計画を立案する事例が増えてきた。

例えば、最後のフロンティアである途上国のBoP（Base of the Pyramid）層を対象にしてSDGsに取り組むことで、新たな市場の創出と同時に雇用の拡大も目指すような場合だ。重要なのは、寄付行為や慈善行為による達成を目指すのではなく、事業活動を通じて社会的価値を創出しSDGsの達成を目指すことである。

企業においては、自社の事業特性や長期事業戦略及び事業地域における社会課題等を踏まえ、リスクと機会を分析した上で、取り組むべき課題及び目標を設定することが求められる。

金融界でも、2018年に日本証券業協会が「SDGs宣言」を公表したほか、全国銀行協会がSDGsや**ESG投資**の重要性を踏まえ「行動憲章」を改定するとともに、SDGsの推進体制及び主な取り組み項目を定め、業界全体として後押しする動きが始まっている。

具体的には、直接金融市場においてインパクト投資や**グリーンボンド**、サステナビリティボンド等、SDGs達成に向けた資金の流れを形成する投資商品が多く開発・提供されているほか、SDGsの目標に照らして企業の取り組み状況を評価しESG投資を行う投資家も増えた。間接金融においても、SDGsに貢献する事業・企業を支援する融資や私募債制度の導入、ファンドを設立する事例がみられる。

環境省が主催するESG金融懇談会の提言（2018年7月）において、ESG／SDGs金融の重要性及び取り組み強化が掲げられ、今後こうした動きはさらに拡大して行くであろう。SDGsという21世紀の国際的な大義の下、人類の幸福（well-being）を目指し、政策の制度再考、企業経営の高度化、個人のライフスタイルの変容を通じて、地球規模での持続性構築が始まっている。

ESG投資

財務面のみならず、Environment（環境）、Society（社会）、Governance（ガバナンス）といった非財務面を考慮した投資。企業の持続可能性、すなわち長期的な収益性が評価される。

ESG投資は、企業の財務情報だけでなく、環境や社会、ガバナンスといった非財務情報を重視する投資である。環境とは気候変動対策、社会とは従業員の労働環境の整備、ガバナンスとは取締役の構成や不正防止の徹底などを指しており、**SDGs（持続可能な開発目標）**にも関連が深い。

ESG投資の類似概念として、社会的責任投資（SRI）が挙げられる。SRIが倫理的・社会貢献的な意味合いにとどまるのに対し、ESG投資はESGに関する情報を持続可能性、すなわち長期的収益性を示す経営指標として積極的に評価する。

世界責任投資連盟（GSIA）によると、2018年における世界全体のESG投資額は30兆7,000億米ドルにのぼる。日本でも年金積立金管理運用独立行政法人（GPIF）のESG指数連動型の運用資産額が約5兆7,000億円に達しているほか、民間金融機関でもESG投融資の事例が増えつつある。

海外では企業のESG情報をレポーティングするESG格付け機関が増加している。国内でも2020年に大手民間企業19社がESG情報開示研究会を発足するなど、企業側からESG情報の評価を求める動きが出ている。

金融庁が機関投資家向けに公表する「**日本版スチュワードシップ・コード**」や金融庁と東京証券取引所が上場企業向けに公表する「**コーポレートガバナンス・コード**」もESG要素への配慮を強めている。

環境格付け融資

金融機関の融資審査に際して、融資先企業の環境への取り組みを格付けし、その結果を金利などの融資条件に反映させる融資。近年はESG金融の一部として位置付けられる。

金融機関の融資審査では、融資先企業の財務情報などに基づいて融資の実行判断や条件設定を行う。それとあわせて融資先企業の環境への取り組みを評価・格付けし、その結果に応じて優遇金利を適用するなど、融資条件に反映させるのが環境格付け融資である。

環境格付け融資は、2004年に日本政策投資銀行が世界で初めて導入した。金融機関にとっては融資先企業の非財務情報を審査に組み込めるというメリットがあるほか、融資先企業にとっても環境対策の動機付けになるといった意義があることから、民間金融機関にも波及した。環境省が2019年に行った調査によると、現在、国内の約2割の金融機関が環境格付け融資に取り組んでいる。

近年ではESG金融（環境だけではなく社会的課題やガバナンスにも配慮する金融）が普及しつつあることから、環境格付け融資もその一部とみなされることが増えている。環境格付け融資の商品自体を社会課題全般を配慮したものへと置き換えた金融機関もある。

環境省は、2007年度から「環境配慮型融資促進利子補給事業」によって環境格付け融資の普及を後押ししてきたが、現在は新規案件の募集を行っていない。それに代わり、2019年度からは環境や社会にインパクトをもたらす事業への融資を対象とする「地域ESG融資促進利子補給事業」が始まっている。

グリーンボンド

温室効果ガスの削減や生物多様性の保全など、環境関連事業における資金調達を目的とした債券。SDGs（持続可能な開発目標）やESGに関連する資金調達手段として拡大している。

グリーンボンドとは、温室効果ガスの削減や生物多様性の保全といった環境関連事業の資金調達を目的とする債券である。単に投資家や発行者が環境貢献をアピールする手段ではなく、開発需要の高い成長分野の資金調達手法として注目される。

近年はESG（環境・社会・ガバナンス）に関わる債権を総括してESG債またはSDGs債と呼ぶが、グリーンボンドはその中心である。

グリーンボンドの定義や発行基準は、国際資本市場協会（ICMA）が公表する「グリーンボンド原則」が目安となっている。この原則は①調達資金の用途②プロジェクトの評価と選択のプロセス③調達資金の管理④情報公開という4つの項目が核となっている。なお、ICMAは同原則と「ソーシャルボンド原則」を総括して「サステイナビリティボンド・ガイドライン」を公表している。

グリーンボンドは2008年に世界銀行が発行を開始し、その後、国際金融機関や民間企業、行政機関へと取り組みが広がった。国際NGOの気候債券イニシアチブによると、2019年の世界全体の発行額は2,577億米ドル（前年から5割増）にのぼっている。

日本でも環境省が「グリーンボンドガイドライン」を公表するなどして普及を後押ししている。2019年の国内企業等によるグリーンボンド発行額は8,238億円（発行件数58件）となっている。

194

CSR

CSR（Corporate Social Responsibility）は、営利組織たる企業が事業を営む上で、自社の経済利益のみならず、ステークホルダーや社会に与える影響を踏まえ責任ある行動をとること。

CSRは、企業の社会的な責任のこと。営利組織たる企業が事業活動を行う上で、経済的な利益のみを優先させるのではなく、社会課題やステークホルダーとの関係を重視しながら本業を通じてその責任を果たし、中長期的な企業価値の向上を目指すことを言う。

CSRという言葉は、2001年の米国エンロン社の不正な経理操作の事件を契機に、企業のあり方を問うコーポレートガバナンス（企業統治）重視の経営を求める機運が高まり、注目されるようになった。さらに、ISOが2010年11月に発行した、組織の社会的責任に関する国際規格ISO26000では、ISO規格として初めてマルチステークホルダープロセスがとられ、幅広いセクターの代表がこの議論に参加。持続可能な社会の実現に向けて消費者、取引先、地域社会、株主、従業員などの要請に応える際の指針を提示している。

CSRは多義的であり、法令を順守し人権侵害や環境問題に配慮するいわば「守り」のCSRに対し、近時は「攻め」の戦略的CSR、ひいては**CSV**（Creating Shared Value）という考え方が提唱されている。

社会情勢や経済状況に鑑み、中長期的な視野を持って事業活動を行うことで、経済的価値と社会的価値双方の創出を目指す企業も増えている。また、多面性を有しコミットメントのレベル設定は企業それぞれの判断に委ねられており、経営の創意工夫が改めて問われているテーマでもある。

V 働き方、雇用

コロナ禍でオンライン研修、採用が主流になった

ハラスメント防止への取り組みが重要に

働き方改革

金融機関では、AIやRPAの活用により、デジタル化による業務効率化を進め、労働生産性の向上とワーク・ライフ・バランス推進によるメリハリある働き方の実現を目指している。

働き方改革とは、政府が掲げる労働政策の見直しの総称である。2016年9月に働き方改革担当大臣が新設され、2017年3月には、働き方改革実行計画が策定された。同計画では①同一労働・同一賃金など非正規雇用の処遇改善②賃金引き上げ③残業上限の設定など長時間労働の是正④転職・再就職支援⑤**テレワーク、副業・兼業**などの柔軟な働き方⑥女性・若者の活躍⑦高齢者の就業促進⑧子育て・介護と仕事の両立⑨外国人材の受け入れ ── の9項目が明示されている。

働き方改革は、多様な人材の活躍とワーク・ライフ・バランスの推進を両輪に、労働生産性を高める社会の実現を目指していると言える。こう

した働き方改革の取り組みは金融機関にも広がっている。金融機関における働き方改革では、人事・福利厚生の改善だけでなく、**業務改革（BPR）**や業務効率化によって、より効率的な経営による労働生産性の向上と長時間労働の是正によるメリハリある働き方が求められている。

金融機関にとっても、人材は重要な経営資源であり、介護や出産・育児など生活環境の変化による社員の離職は、貴重な人材の損失と言える。社員の仕事と家庭の両立をサポートできる柔軟で、選択肢の多い職場環境の構築が不可欠になっている。

実際、多くの金融機関では、業務効率化を伴う、ダイバーシティ並びにワーク・ライフ・

バランスの推進を経営戦略上の重要課題として位置付けている。専門部署の新設、育児・介護制度、保育所の設置、地域限定職の新設、女性・シニアの活躍、朝型勤務導入、会議の見直しや残業の削減など、様々な改革に取り組んでいる。従業員の就業満足度の向上、残業時間の削減や会議の減少といった具体的な成果も出始めており、働いた時間ではなく生産性の高い労働力を求める姿勢は今後も各金融機関のスタンダードとなろう。

一方で、金融機関にとって業務効率化も急務である。**日本銀行**の低金利政策などで金融機関の稼ぐ力が低下傾向にある中、特にメガバンクや地域銀行は、店舗や人員の削減を含めコスト削減を進めている。しかし、店舗や人員削減にも限界があり、また、今後は逆に人口減による人手不足も想定され得る。そのため、例えば、定型業務が多い事務の作業内容を見直し、ロボットやAI（人工知能）導入による自動化やデジタル化を進めることは、銀行など金融機関が生き残りを図るための必須事項となってきている。

働き方改革実現のカギを握る業務効率化では、AI、RPAをはじめとする技術の進展を受け、多くの銀行などが収益力強化や生産性向上のため業務改革に取り組んでいる。

例えば、店舗においては、**次世代型店舗**化による印鑑レス、ペーパーレス化、後方事務の本部集中、TVモニターやタブレットの導入が進んでいる。本部においては、部署の統廃合、審査業務の自動化、事務集中部門の再編、外部委託の活用が実施されている。

今後は、これらの取り組みが実際に従業員の満足度と生産性の向上を伴いながら、継続的に実行されるのか、活用しやすい職場の雰囲気・環境作りがなされるかが課題である。好事例の発信や情報共有化も有効な対策となろう。

働き方、雇用

テレワーク

情報通信技術を活用し、場所や時間にとらわれずに勤務する働き方のこと。新型コロナウイルス感染拡大の影響もあり、現在わが国においても急速に浸透してきている。

「tele（離れたところ）」と「work（働く）」を組み合わせた造語で、情報通信技術を活用し、場所や時間にとらわれることなく日々の業務を行う働き方のことである。テレワークには働く場所によって「自宅利用型テレワーク（在宅勤務）」「モバイルワーク（外出先や移動中などに行う勤務）」「施設利用型テレワーク（サテライトオフィス勤務など）」の3つに分類することができる。テレワークの導入は企業と従業員の双方にメリットがある。企業側には、経営改革や生産性向上、事業継続性の確保（BCP対策）など、従業員側には、ライフ・ワーク・バランスの実現や削減した通勤時間の有効活用などである。また社会にとっても、雇用創出、環境負荷の軽減などのメリットがある。

新型コロナウイルス感染拡大の影響により、多くの企業でテレワーク導入が急速に進んでいる。これまで導入に消極的だった金融機関においても同様の動きが見られる。金融機関の業務には、顧客の機密情報を扱う、紙幣や手形など紙の現物の授受が伴う、押印手続きが多いなど、テレワークには適していないものが多い。テレワーク導入に合わせて、業務の見直しも進められている。

また、金融機関には、取引先のテレワーク導入支援を行うことも求められよう。小規模な取引先の場合、IT対応に不慣れな場合も多い。金融機関が支援する意義は大きい。

スプリットオペレーション

新型コロナウイルスなどによる職員の同時感染を回避し、職場全員が一斉に休業を余儀なくされることが無いよう、業務を2つ以上のチームに分けてオペレーションする方法のこと。

　今日ほど、事業継続プログラムの重要性を実感している企業は少なくないだろう。対策としては、**日本銀行**の金融機構局が「リスク管理と金融機関経営に関する調査論文」と題して発表したレポート＆リサーチペーパー（2008年3月）が参考になる。

　ペーパーでは金融機関の「在宅勤務」「スプリットオペレーション」「業務の移転」を紹介している。スプリットオペレーションの目的は、メンバー全員の同時感染の回避と、通常業務の全面停止の回避にある。普段から異なった場所で同種の業務を複数チームで処理する体制を構築しておき、どちらか一方のチームが被災・罹患した場合に、残りの場所で、残りのチームが

そのまま業務を継続して処理する「デュアルオペレーション」による推進パターン。

　さらに、普段から2交代、3交代の交代勤務でチーム分けし、1チームのみが業務を遂行する方法の「交代勤務パターン」などがある。

　こうしたスプリットオペレーションの実施には、初監、再監、承認者などの役割を踏まえた要員の任命、業務の流れに必要な場所の確保、必要機器と執務スペースの複数セットの確保、さらに各チームの執務スペースの物理的隔離などの対応が、実務的に求められる。重要な要件は、複数要員の確保と執務スペースの物理的距離の確保であるが、この2つの両立が課題となっている。

働き方、雇用

オンライン研修・採用

インターネットを活用して非対面形式で実施する「研修」「採用」のことを言う。対面形式が主流であったが、コロナ禍を契機に急激にオンライン化が進んでいる。

コロナ禍に直面した当初、オンライン研修は多くの企業が苦戦し、中止になるケースも多く見られた。ハード面ではネット環境の整備が問題となることが多く、ソフト面では新入行職員との関係構築やスキル習得の懸念があった。

その後に出てきた対策として、一部研修を大型の会議スペースを借りて、ソーシャルディスタンスを確保して実施するといった対策が見られた。

採用については、これまでのイベント、説明会、インターンシップから、面接、内定後の懇親会や内定式もオンラインでの対応が求められた。大型の採用イベントの多くがオンライン化され、説明会や面接もオンラインで行う必要があるため、こちらもネット環境の整備が必須となる。実際は企業側よりも学生の方がオンライン対応に慣れているケースが多かった。

ネックになるのは、人選である。非対面でどう人材を見定めるかが課題になる。学生側が企業を見る際も同様であり、非対面では企業との信頼関係が十分に醸成されずに内定辞退者が増えることも懸念されている。

ただ、研修・採用のオンライン化が進むと、各拠点の人員の移動が不要、面接官の確保や面接会場の確保も不要となるなどメリットが非常に多い。今後は対面とオンラインのハイブリッド型で行う企業が主流となるだろう。研修・採用の担当者に求められるスキルも変革期を迎えている。

ジョブ型人事制度

職務を明確にし、年齢等とは切離して職務の価値に応じて報酬を支払う人事制度で、欧米企業で発達し、日本企業でもグローバル企業への脱皮を目指して導入する先がみられる。

ジョブ型人事制度とは、組織のポジションごとに職務内容を明確に定義したジョブディスクリプション（職務記述書）に基づき、その職責の重さに応じ処遇を図る人事制度で、年齢や社員の能力に応じた処遇を行うメンバーシップ型人事制度と対比される。

日本企業では、これまで終身雇用を前提にジョブローテーションを繰り返しながら会社に最適な人材を育成し、年功や能力向上に応じた処遇を図る後者が主流を占めてきた。

しかし近年、中途採用人材や特定分野に秀でた人材の処遇の難しさ、時短勤務やリモート勤務等多様な働き方の許容し難さ等の問題が出てきたほか、学生等の中でも自ら学んで得た専門知識を、入社時からすぐに生かしたいとの声が増加してきた。さらに、欧米企業が前者を主流とする中で、日本企業でも真にグローバル企業となるべく、移行を図る企業が増加。そうした企業では社員が自ら進んで外部研修を含めてスキルアップに努める必要が叫ばれている。

この制度には、①ポジションに見合った人材を獲得しやすい②経営・事業への貢献と報酬をリンクさせやすい③年齢や勤続年数に左右されない処遇が可能④専門性の強化に向いているというメリットがある半面、①上位職位へのアサインが硬直化しやすい②組織変更の都度ジョブディスクリプションの見直しが必要、等のデメリットにも留意する必要がある。

脱ノルマ

金融商品販売の数値目標を組織的に強制し、個人に達成責任を負わせる「ノルマ」を排除し、定性評価を中心とした顧客本位の営業活動の実現を目指す一連の経営改革を言う。

2020年に本格化した新型コロナウイルスは、銀行の営業活動のあり方を大きく変貌させるに至った。

もともと、金融機関のノルマ営業による不祥事が社会問題となったのが、2018年のシェアハウス「かぼちゃの馬車」オーナーらの民事訴訟である。この融資ではスルガ銀行の行員も融資実績を上げるため改ざんを指示しており、組織的な不正が横行した。他にもゆうちょ銀行の直営店、約230店の9割で1万9,591件の不適切販売が確認された。

重要な点は、これらの不適切行為が、個人のでき心や偶然の行動ではなく、意図的、計画的、組織的な点である。本来、ノルマとは「平均、標準」「行動規範、模範」を意味する「経営上の最低限の必達目標」であり、そこには個人レベルの数字管理も組織的な強制も存在しない。

ところが、地域銀行78社中54社が2019年3月期決算で減益か赤字、2020年3月期決算では61銀行が貸倒引当金を積み増し、8社が赤字となり環境が激変した。金融機関は、現在8重苦の中にある。規制緩和と金融自由化による競争激化、フィンテック対応の遅れによる生産性低下と機会損失、マイナス金利による逆ざやと与信機能の不全、人材不足と人員不足。そして、現場の士気低下である。

ノルマの弊害は、現実的には多発する不祥事やコンプライアンス違反だが、理念的には金融機関の信用喪失・信用

働き方、雇用

棄損であり、本質的には金融ビジネスモデルそのものの崩壊を意味すると言って良い。その原因も、直接には業績不振に対する営業強化であるが、本質的には人事権の乱用であり、競争的優位な地位の乱用に他ならない。経営陣は、資本主義という使用従属関係の中でも対等な人間関係を構築できることを、身をもって実践しなければならない。

2020年になって新型コロナウイルスが世界中で拡大したことで、金融機関は個々の営業担当者だけに頼る営業方法ではなく、各種データとデジタルを介した集約型の顧客・リード獲得型の営業エンジンを持つ必要に迫られた。

事実、鎌倉エリアでは、リモートワーク用のマンションが、埼玉でも、リモートワーク用一戸建てのための融資が好調だと言う。

こうした新型コロナ後の営業活動はすでに始まっており、都心中心型から多極型へ、「対面営業＆紙重視」の営業から「リモート営業＆データ活用」の営業へ移行しつつある。新型コロナ後の金融機関の営業は、これまでのコンプライアンス重視の「脱ノルマ」から、新たな「脱ノルマ」のあり方を要求している。それは営業という概念そのものの定義を、根本から覆すものになる。

これまでの「脱ノルマ」による実務的な対応策は、**プロセス評価**やコンサルティング営業など、様々なKPI（主要業績評価指標）を設定するものであった。これまで強化すべきポイントであった「定量ノルマから定性ノルマへのKPIの改革」、及び「リレーションシップバンキング実現のためのスペシャリスト人材、ICT人材」を本格的に稼働させ、営業機会を与える時がきている。支店などの営業現場が数値にとらわれない目標を設定し、第一線の従業員が士気を高くして働くことのできる環境作りが急務である。

プロセス評価

営業数値目標など、可視的な業務の成果だけでなく、結果に至るまでのプロセスを重視することで、より公正かつ客観的な評定を行おうとする人事評価。

バブル崩壊後、企業では「業績評価」の導入が相次いだが、短期的な業績を追求するあまり会計不正に手を染める社員が現れるなど弊害が指摘されていた。「プロセス評価」は、中長期的な案件や企業ビジョン実現に向けた取り組みを可視化して評価する手法である。業績改善・業務効率向上を図り業務プロセスを標準化し、実際の業務遂行が標準化されたプロセスにどれだけ沿っているかを定量的に把握する。

本評価制度のメリットとして、数値化した評価基準による客観的かつ透明性の高い評価の実現、評価基準が明確になり必要な資格の取得など自己啓発が容易になる、経営理念に対する行動内容を評価に織り込むことで企業理念への理解が深まる――などが挙げられる。

働き方改革が進む最近では、生産性向上に向けて業務手順の見直しを図る企業の増加とともに「プロセス評価」への注目も高まっている。手法の1つであるコンピテンシー評価（「仕事ができる人」に共通する行動特性を評価基準とする）は、会社の必要とする人事評価を反映し、人材育成にもつながるとして導入を検討する企業が増えている。

金融機関では、**地方創生**の流れが加速する中、コンサルティング機能の強化とともに**事業性評価**に基づく融資の取り組みなどが進んでいる。営業店の業績評価に金融仲介機能の発揮に関するプロセス評価を導入する動きもある。

ハラスメントの防止

ハラスメントとは、他者に対する発言・行動が本人の意図に関わりなく相手の尊厳を傷つけるとか、相手に不快感、脅威、不利益を与えることで、その防止は職場管理の要諦の1つ。

ハラスメントには、パワーハラスメント（職場内の優位性を背景に、業務の適正な範囲を超えて、精神的・身体的苦痛を与える、または職場環境を悪化させる行為）、セクシャルハラスメント（相手が不快ないし尊厳を傷つけられたと感じるような性的発言・行動）、マタニティーハラスメント（妊娠・出産を契機とした嫌がらせやそれを理由とした解雇等）等多くの種類がある。

性に関する固定観念や差別意識に基づく言動、酔った上での迷惑な言動のほか、飲酒の強要や喫煙者による非喫煙者への迷惑行為等もハラスメントと言われることがある。

特に本人には別の意図があったとしても、相手方が不快に思えばハラスメントは成立し得る上、近年年齢、性別、宗教、国籍等による価値観の相違が大きくなり、かつSNS等による拡散リスクが増大している中で、働きやすい魅力的な職場作りの観点だけでなく、企業のレピュテーション維持の観点からも、職場管理上重視すべき事項である。

特にパワハラについては、労働施策総合推進法の改正により2020年6月1日から、事業主にパワハラ防止義務が課された（中小企業は2022年4月1日から）。事業主には、①パワハラ防止方針等の明確化とその周知・啓発②相談に応じ適切に対応する体制整備③事後の迅速かつ適切な対応④プライバシーの保護や相談したことによる不利益な取り扱いの禁止が義務付けられた。

働き方、雇用

ダイバーシティ・インクルージョン

性別、年齢、国籍、障がいの有無、価値観の多様性を生かし、個々の能力を最大限引き出すような環境整備や働きがけを行い、企業価値の創造につなげていくという考え方。

少子高齢化の進展に伴う労働人口の減少、グローバル競争激化や産業構造の変化への対応を求められている中、性別や年齢、国籍など属性の多様性を生かし、個々の人材が活躍できる機会を提供することで企業価値を高めるダイバーシティ・インクルージョンに取り組む企業が増えている。

経済産業省は、2017年に「ダイバーシティ2.0行動ガイドライン」を公表し、ダイバーシティ経営を実践するためのポイントとして、①中長期的・継続的な実施と経営陣によるコミットメント②経営戦略と連動した全社的な取り組みと体制の整備③情報発信と外部ステークホルダーとの対話④女性活躍推進に加え、国籍・年齢・キャリアなどの様々な多様性の確保——の4点を挙げ、7つのアクションを提示している。

また、表彰制度「新・ダイバーシティ経営100選」「100選プライム」を実施しているほか、「ダイバーシティ経営診断ツール（2019年4月公表）」等で取り組みを促している。

近年は企業の非財務面の基準を投融資判断に統合するESG投資が拡大しており、ダイバーシティ・インクルージョンの取り組み水準を評価し、投資判断に活用する動きもある。企業は形式的なものでなく、自社の経営戦略や中長期的な企業価値拡大の観点から、人材の獲得や競争力強化に資するダイバーシティ・インクルージョンの実践と情報開示が求められている。

副業・兼業

本業以外の仕事に従事すること。一般的には、兼業は「複数の仕事に従事すること（自営業も含む）」、副業は「複数従事している仕事のうち、本業以外の仕事」とされる。

　副業・兼業を希望する者は年々増加傾向にあり、多くの企業・組織で副業が解禁されてきている。

　その形態は、アルバイト、会社役員、起業による自営業主等様々である。これまで多くの企業は、自社での業務がおろそかになること、情報漏えいのリスクがあること、競業・利益相反を理由に副業・兼業を認めていなかった。しかし、副業・兼業は、個人にとって、収入の確保、やりがい、スキルアップの機会であり、企業にとっても、労働者が社内では得られない知識・スキルを獲得したり、新たな知識・情報や人脈を入手できるメリットがある。厚生労働省は2018年にモデル規則を改訂し、「労働者は、勤務時間外において、他の会社等の業務に従事することができる」とした上で事前の届け出を義務付け、禁止・制限が必要なケースを明示する形に変更した。

　コロナ禍で在宅勤務が進む中、副業・兼業という労働形態はさらに進むとみられる。複数の仕事を通算した労働時間が過重労働にならないよう健康管理を徹底することが重要。労災保険給付のあり方についても検討が求められる。

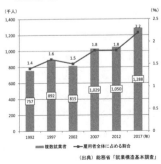

＜副業者数の変化＞

（出典）総務省「就業構造基本調査」

銀行の服装自由化

主に本部で働く行員を対象に、原則スーツ着用としていた従来の服装に関するルールを見直し、年間を通して服装を自由とした。一部の銀行は、営業店でも施行を開始している。

2019年夏頃から、大手行、地域銀行、信用金庫などで、原則スーツ着用としていた従来の服装に関するルールを変更し、自由な服装（Tシャツやジーパンも可とする）での勤務を認めるルールの導入が広がってきている。

現在導入されている多くの銀行では、本部で働く行員を対象としている。導入の目的としては、発想の柔軟化、作業能率の向上、行内のコミュニケーション活性化などが挙げられる。

近年、金融とITが融合したフィンテック市場の急拡大や、**スマートフォン決済**の普及などによって、異業種企業の金融事業への参入が増加してきている。加えて少子高齢化やマイナス金利政策により、金融機関はビジネスモデルを再構築する必要性が生じている。このような環境下において、自由な発想が生まれる環境の醸成や、従来の銀行が持つ"お堅い"イメージを払しょくする事で多種多様な人材を確保したいという思いもある。

一部の銀行では、本部勤務の行員だけではなく営業店にもルールの対象を広げており、同様の動きが今後、他金融機関でも広がることが想定される。

また、採用活動においても、カジュアルな服装で学生に対応をする予定と明言している銀行も存在している。銀行ごとの企業風土の違いが分からないという学生や求職者に対して、イメージ戦略の一翼も担うことが期待されている。

最低賃金

国が賃金の最低額を定め、使用者は、その額以上の賃金を労働者に支払わなければならないとする制度。地域別最低賃金と特定（産業別）最低賃金の2種類がある。

最低賃金額より低い賃金で契約した場合は、労働者の合意があっても無効とされ、最低賃金額と同様の定めをしたものとみなされる。使用者が最低賃金未満の賃金しか支払っていない場合には、その差額を支払わなくてはならない。違反者には罰則があり、地域別最低賃金額違反の場合は50万円以下、特定（産業別）最低賃金額違反の場合は30万円以下の罰金が科せられる。

地域別最低賃金は、パート、バイトなど雇用形態、名称に関係なく、当該都道府県内の事業場で働く全ての労働者とその使用者に適用される。特定（産業別）最低賃金は、特定の産業の基幹的労働者とその使用者に適用される。ただし、次に挙げる対象者の場合は、摘要が除外される場合がある。第一に18歳未満又は65歳以上の人、第二に雇い入れた後、一定期間未満の技能習得中の人、第三に当該産業に特有の軽易な業務に従事する人などである。

さらに、次に掲げる労働者は、過度な摘要が雇用機会を制限する可能性があるため、使用者が都道府県労働局長の許可を受けることを条件に、個別に最低賃金の減額の特例が認められている。精神又は身体の障害により著しく労働能力の低い人、試みの使用期間中の人、基礎的な技能等を内容とする認定職業訓練を受けている人のうち厚生労働省令で定める人、軽易な業務に従事する人、そして断続的労働に従事する人、である。

70歳雇用の努力義務

少子高齢化が急速に進展する中、70歳までの就労機会の確保に関し事業主に対して2021年4月1日より努力義務が設けられるが、70歳までの定年延長を義務付けるものではない。

少子高齢化の急速な進展や人口減少が続く中、働く意欲のある高年齢者がその能力を十分発揮できる環境を整備することは、**人生100年時代**を生き抜く高年齢者の生活を豊かにし、また、その生きがいを高めるだけでなく、マクロ的にも国民所得の落ち込みを回避し経済社会の活力を維持するためにも有用である。

こうした見地に立って、2019年9月からの労働政策審議会職業安定分科会雇用対策基本問題部会における審議を踏まえ、「高年齢者等の雇用の安定等に関する法律」（高年齢者雇用安定法）の一部が改正され、2021年4月1日より65歳から70歳までの高齢者就業確保措置を講ずることが企業の努力義務となる。

この確保措置には、①70歳までの定年引き上げ②70歳までの継続雇用制度の導入③定年廃止④労使で合意した上での継続的な業務委託契約、社会貢献活動に継続的に従事できる制度の導入がある。

従業員31人以上の企業の30.8%は既に66歳以上でも働ける制度を有していると言われているが、65歳以上の者はそれ未満の者と比較して、就労に対する考え方、体力や健康状態等の面で個人差が大きく、多様であることから、70歳までの就労機会の確保にあたってはこうした事情に配慮した制度設計とすることが必要である。なお、大企業には2021年4月1日より中途採用比率の公表が義務付けられる点にも留意する必要がある。

アルムナイ(離職・退職者)活用

アルムナイ（alumni）とは「卒業生」「同窓生」を意味する語であり、転じて企業の離職・退職者の集まりを指す。退職者を再雇用する「アルムナイ制度」などの文脈で用いられる。

企業の退職者や離職者をアルムナイと呼び、人的資源としてポジティブに活用する人事手法は、雇用の流動性が高く転職が一般的である外資系企業には多く見られる手法であった。他方、日系企業では長らく終身雇用制度が一般的であり、会社を辞めていく人々を組織的に受け入れる習慣が無く、こうした人事制度は浸透していなかった。それが、昨今の**働き方改革**など雇用の構造転換を契機に、離職者・退職者を活用するための制度が着目され始めている。

アルムナイを活用する制度には大きく分けて2種類ある。1つは退職者を再雇用する「アルムナイ制度」である。アルムナイ採用は通常の中途採用と異なり、企業側と求職者側がお互いを熟知しているため、ミスマッチの少ない採用となる場合が多い。また、1度異なる組織に所属した人材は、自社でそれまで培った知識やスキルに磨きをかけて戻ってくるため、即戦力として活躍するケースも多い。

もう1つの制度は退職者や離職者のコミュニティー制度である。自社が主体となり退職者同士のコミュニティーを構築することで、社外組織との強いリレーションを築くことができ、情報共有や業務提携といった組織間の連携が可能となる。こうした社外コミュニティーは対外的な企業価値の向上や採用ブランディングにつながる側面もあるため、金融機関においても積極的に取り組む動きが見られる。

働き方、雇用

VI 金融行政・政策

ウィズコロナ時代の金融行政はどのように変化していくのか。2020年7月に就任した氷見野良三・金融庁長官の手腕が問われる

預金保険制度の可変保険料率

金融庁は、金融機関の健全性に応じて差をつける可変保険料率を、預金保険制度に導入する方針を示した。地方金融機関の経営健全化を一層後押しする狙いがあると思われる。

預金保険制度は、金融機関が破綻した場合に、一定額の預金等を保護するための保険制度である。わが国の預金保険制度は、預金保険法（1971年制定）で定められており、政府・**日本銀行**・民間金融機関の出資により設立された預金保険機構が、その運営主体となっている。

対象金融機関は、預金保険の対象となる預金金額に預金保険料率を乗じて算出した預金保険料を、毎年預金保険機構に納入しており、これが預金保険制度の原資になる。

預金保険料率は、機構財政の長期的な均衡などを踏まえて定めることとされており、預金保険機構の運営委員会で決定の上、**金融庁**長官と財務大臣の認可を得て変更される。

2020年度の保険料率は、全額が保護される決済用預金が0.045％、1人合算で1,000万円まで保護される一般預金等が0.031％となっている。

わが国ではこれまで、対象金融機関全てに対して同一の預金保険料率が適用されているが、海外では、金融機関が預金保険に損失を与えるリスクを預金保険料率に反映させる可変保険料率が、多くの国・地域で導入されている。これは米国の連邦預金保険公社（FDIC）が1993年に世界で初めて導入した仕組みだが、国際預金保険協会（IADI）の2017年の調査によると、回答のあった135機関中、約半数の65機関で可変料率を導入していると言う。

わが国でも、金融庁が公表

金融行政・政策

した令和元事務年度の金融行政方針で、可変保険料率導入の方針が示された。すなわち、同指針では、現行の預金保険法においては、各金融機関の健全性に応じて異なる預金保険料率（可変料率）を適用することも許容されているとした上で、地域金融機関の将来にわたる健全性を確保するための規律付け・インセンティブ付与としての機能も視野に入れ、現行制度を前提にしつつ、預金保険料率のあり方の方向性について「関係者による検討を進める」としている。

可変保険料率は、一律の保険料率と比較すると、破綻リスクの高い銀行がより高い保険料を負担するため、公平性が高い。わが国においても、既に1999年の金融制度調査会の答申において、可変保険料率は、市場規律を補うものという観点から、「本来望ましいものと考えられる」との認識が示されているが、一方でその実施については、「当面、慎重に対応すべき」とした。

この背景には、当時はまだ金融危機の収束が見えておらず、経営が悪化した金融機関に高率の保険料を課すとさらに経営が悪化しかねないことに対する懸念があったためとみられている。

一方、最近になって金融庁が可変料率の検討に入った背景としては、日本の金融システムが、あるべき保険料率の議論が可能な「平時」に入って久しいことに加え、預金保険をテコに、地方銀行などに経営の健全性の一層の向上を促す狙いがあると思われる。

日本で実際に可変保険料率を導入する際には、金融機関のリスクによって差別化し、それに応じて保険料を割り当てる手法をどのように構築するかが重要になる。ただし、コロナ対応が中心となった令和2事務年度の金融行政方針は、この問題に触れておらず、本件の検討がどの程度のスピードで進むかは不透明である。

ちいきん会、地域生産性向上支援チーム

ちいきん会、地域生産性向上支援チームは、地域の課題解決を支援するための官公庁・金融機関・民間企業のネットワーク構築を目的とする、金融庁による取り組みである。

金融庁は2018年10月より、若手職員の人材育成及び新規性・独自性のある政策立案を目的とした「政策オープンラボ」を開催している。この一環として、地域経済の活性化を志す職員を中心に発足したのが「地域課題解決支援チーム」である。このチームは課題のある地域の現場にメンバーが入り、地方と中央、官公庁と民間企業の結節点として地域課題の解決に資する施策を共同企画・実施する活動を行っている。

「ちいきん会」はこの地域課題解決支援チームの活動の一環として、コミュニティー形成の支援を企図する交流会である。**地方創生**に関心のある公務員と金融機関の職員の交流の場として機能しており、テーマごとのプレゼンや座談会がなされている。

こうしたちいきん会の活動は省庁横断での施策議論会や中小企業の経営課題解決に向けた専門人材のマッチングなど、具体的な課題解決のアクションへと波及している。

政策オープンラボにはこのチームのほか、地域課題解決支援チームのサポート、ノウハウ蓄積を目的とする「地域課題解決支援室」や、地域の関係者との対話を通じて地域企業の現状や産業構造について情報収集を行う「地域生産性向上支援チーム」が発足している。これらの組織に対して金融庁がハブとなり、首都圏と各地域を連携する「地域経済エコシステム」の形成が目指されている。

オン・オフ一体型モニタリング

オンサイトとオフサイト、手法の異なるモニタリングを一体的に運営し、金融システムや金融機関の経営の実態をより実効的に把握することが志向されている。

金融当局による金融機関に対するモニタリングには、オンサイトモニタリングとオフサイトモニタリングの2通りの方法がある。

オンサイトモニタリングでは、金融機関の経営の実態を把握するため、実際に立ち入りを行う。対面でのモニタリングとなることから対象金融機関の詳細を把握できる一方で、モニタリングを実施する当局、モニタリングを受ける金融機関のいずれにとっても事務負担が大きい。また、1つの金融機関を常時継続してオンサイトでモニタリングすることはできず、時期を定めて期間的な実施とならざるを得ない。

これに対して、オフサイトモニタリングでは、金融機関への直接の立ち入りは行わず、金融機関から提出された資料の分析やヒアリング調査を行う。そのため、広範なテーマにわたって、比較的迅速に経営の実態を把握することが可能である。複数の金融機関に対して同時に並行してモニタリングを実施することも可能である。

オンサイトモニタリングとオフサイトモニタリングにはそれぞれ長所と短所がある。その特長を生かして、両者を連携して実施することでモニタリングの実効性を高めることが期待できる。わが国の金融当局においても、オンサイトモニタリングとオフサイトモニタリングを一体的に運営することにより、深度ある実態把握が志向されている。

金融仲介機能のベンチマーク

地域金融機関が自らの金融仲介の取り組みを自己評価する客観的な指標（ベンチマーク）。金融庁はその改善状況を点検し、地域銀行などとの対話にも活用している。

2016年9月に公表された「金融仲介機能のベンチマーク」は55項目で構成される。

最初の5項目は金融機関が地域経済や地元企業を支える上で重要な取り組みを抽出した共通項目で、①メイン取引先のうち、経営指標の改善や就業者数の増加が見られた取引先数②1年間に関与した創業、第二創業の件数③**事業性評価**に基づく与信先数——などがある。残る50項目は各金融機関が事業戦略やビジネスモデルに応じて選ぶ選択項目になる。**金融庁**は毎年度末の実績から算出した指標の提出を求め、金融機関との対話ツールとして使う。

金融庁が狙うのは継続的な算出による自己点検の効果だ。一部の地域銀行は経営戦略やビジネスモデルと関連付け、実績が低調な場合には要因を分析し方針を見直すツールとして活用している。金融庁幹部は「ベンチマークは現場力を反映するモノサシであり、営業の最前線がどれだけ企業に付加価値を提供できるかが重要になる」と強調する。一方、数値の算出にとどまり、金融仲介機能の改善につなげられていない例も残る。

実績の公表を通じた取り組みの「見える化」も目指す。金融庁は銀行の仲介機能を比較できる共通KPIを策定。2019年9月時点から**事業承継**時に新旧経営者から個人保証を求める「二重徴求」の割合を開示するよう求め、2020年10月には全行のデータをまとめた一覧表の公表を始めた。

イールドカーブ・コントロール

日本銀行の長短金利操作付き量的・質的金融緩和のうち、短期金利をマイナス化させ、長期金利（10年物国債金利）をマイナス化させないための金融政策。

　日本銀行は2016年9月に長短金利操作付き量的・質的金融緩和を導入した。その中核をなすイールドカーブ（利回り曲線）・コントロール（YCC）は、短期だけでなく、長期金利も日銀が制御する。すなわち、短期金利はマイナス0.1％程度、10年物国債利回りは0％程度となるように国債買い入れを行う。その後、2018年7月に政策を変更し、10年物の金利の上下0.2％程度の変動を認める弾力化を行った。なお、10年を超える超長期ゾーンについては、過度な金利低下を狙っていない。

　YCC導入以前、日銀は再三、長期金利は制御できないと主張しており、見解を大きく転換した。大胆な非伝統的金融政策の結果として実現した約45％という国債市場における日銀の市場シェア、日銀と市場のコミュニケーションの改善努力が制御を可能とした。

　YCCの巧みさは、直接的にイールドカーブを押し下げる指し値オペも具備しているところにある。金利上昇局面では、利回りを日銀が指定して国債を無制限に買い入れるオペを行う。プライシングのシグナルを日銀が直接的に市場に伝えることで、市場をクールダウンさせられる。

　2020年4月の金融政策決定会合では、長短期国債の積極的な買い入れを表明した。長期国債の買い入れ上限については、それまでの年80兆円から、上限を設けない方針へ政策変更を行い、新型コロナ危機への対応姿勢を明確にした。

長期化する異次元緩和

日本銀行が、国債などの買い入れ額を拡大する金融緩和。デフレ心理の払しょく、2%のインフレ目標達成を目指す政策。しかし、目標は達成できずに8年目を迎える。

2013年4月、**日本銀行**の黒田東彦総裁は着任早々、2年をめどにインフレ率2%を実現するため、①市場調節の操作対象を金利からマネタリーベース（MB）に切り換え、年60兆〜70兆円で増加させる②買い入れる長期国債の平均残存年限を3年から7年に延長し、保有残高を2年で2倍相当に増加させる③ETF（上場投資信託）などの保有額も2年で2倍に増加させる——量的・質的金融緩和（QQE）政策を採用した。デフレマインドを一掃するような大胆な緩和策とされ、アベノミクスの第一の矢とされた。

2014年10月には原油価格下落や消費増税による消費の反動減を踏まえ、MBの増加ペースの拡大、買い入れ国債の残存年限の拡大を行った。しかし、導入から2年の2015年4月に目標は全く実現できず、達成時期を延期し、目標実現を目指すことになった。

2016年1月、原油価格の一層の下落、世界経済の先行き不透明感などを背景に、「マイナス金利付き量的・質的金融緩和」を導入した。民間の金融機関が日銀に預ける日銀の当座預金の一部にマイナス金利を適用するだけでなく、さらなるMBの増加ペースの拡大、買い入れ国債の残存年限の拡大を行った。

半年後の2016年9月、異次元緩和の総括的検証や経済情勢を踏まえ、長短金利の操作を行いつつMBの拡大方針を継続する「長短金利操作付き量的・質的金融緩和」を導入し

た。その中では、消費者物価指数（除く生鮮食品）の前年比が2％を安定的に十分に超えるまでMBの拡大継続を約束する金融緩和の継続公約（オーバーシュート型コミットメント）が示された。

2018年3月の総裁再任後は、緩和長期化を意識した政策変更等が続いている。例えば、同年4月に発表された展望レポートからは、物価目標達成時期の記述が外された。7月には、実務的な限界も考慮して長期国債の購入ペースを落とせるような量から金利への政策の修正（長期金利目標柔軟化、政策金利のフォワードガイダンス導入等）が実施された。2019年4月には海外の経済動向や消費増税の影響を考慮した緩和姿勢が明確化された。さらに10月には（緩和自体は見送られたものの）将来的な利下げの可能性が明記された。

このように、負の影響をにらみつつ、デフレマインドを払しょくしようと、マイナス金利でも日銀は買いオペを続けている。既に国債残高の45％を保有する日銀が、損失覚悟のプレイヤーとして、国債市場での存在感が際立つ特殊な状況となっている。

さらに2020年3月〜5月の金融政策決定会合では、新型コロナウイルス対策として、一層の大規模緩和と資産購入規模拡大のスタンスを明確にした。この中には、政府の緊急経済対策に基づく企業の資金繰り支援を実行する金融機関へのサポートを企図した仕組み（資金繰り支援特別プログラム）も含まれる。

2020年10月現在、日銀の資産は約690兆円に達し、国債、ETFのみならず、社債、CP市場でも存在感を増している。短期的には金融市場を落ち着かせる効果はあったと評価できる一方、中長期的にはいつEXIT（＝政策の平常化）に向かい始めるかに市場の関心は向いている。

MMT（現代貨幣理論）

MMTでは、自国通貨建てで国債を発行しても、インフレにならない限り、債務不履行にはならず、政府は景気対策に専念すべきと主張している。

MMT（Modern Monetary Theory）では、自国通貨建ての国債を発行しても、過度のインフレにならない限り、債務不履行にはならず、財政赤字を心配する必要は無いと主張している。政府は財政赤字を気にせず、景気対策に専念すべきだと、ニューヨーク州立大のステファニー・ケルトン教授などによって提唱されている。

MMTでは、基軸通貨のドルを持っている米国に加え、財政悪化にも関わらず、長期金利は低位安定し、国債も安定的に国内消化されている日本の現状が、MMTの正しさを裏付けていると主張している。

これまでの多くの経済理論では、政府の財政赤字が拡大すれば、同時に金利上昇と景気悪化を招くとし、政府の国債発行の拡大は望ましくないとされてきた。一方、MMTは、財政赤字拡大で景気悪化を招くとは限らず、マネーサプライの増加によりインフレ圧力がかかるのみとする。政府は将来の支払いに対して非制限的な支払い能力を有しているとして、政府の債務超過による破綻を否定している。

このため、ポール・クルーグマン、ローレンス・サマーズといった米国の主流派経済学者は、MMT批判を展開している。彼らの批判は大きく2つある。1つは、財政支出拡大で金利が急騰し、民間投資が阻害されてしまう懸念。2つ目は、財政支出を無限に拡大させることによるハイパーインフレ懸念である。

金融行政・政策

年金財政検証

人口の将来推計や構成、経済情勢を仮定し、5年ごとに公的年金の給付水準や負担の将来見通しを示し、年金制度の健全性を定期的に検証するもの。

公的年金制度は長期にわたる制度であり、長期的な年金財政がどのような姿になるかを検証する必要がある。厚生年金保険法及び国民年金法の規定により、厚生年金及び国民年金の財政の現況と見通しが作成される。

2004年に制度が改正され、保険料の上限を法律で定め時間をかけて給付水準を調整していく仕組み（マクロ経済スライド）が導入された。これは、現役人口の減少や平均余命の伸びといった社会情勢に合わせて、年金の給付水準を自動的に調整する仕組みのことである。

年金給付の将来水準を判断する際に指標となる所得代替率を、50％以上に保つことが目標となる。年金財政が健全化するまで給付水準の引き下げが続くことになるため、定期的に検証が行われる。

人口の将来推計が国立社会保障・人口問題研究所から2017年4月に公表されたことを受けて、2019年8月に厚生労働省から「2019年財政検証」（国民年金及び厚生年金に係る財政の現況及び見通し）の結果が公表された。

前回は2014年6月の公表だったが、今回は後ずれした。**金融庁金融審議会**の報告書案「高齢社会における資産形成・管理」により、国民の間で年金制度への不安が高まったことで、2019年7月の参院選挙に悪影響を与えることを政府が警戒し、早期の公表に慎重になったことが背景にあると考えられている。

経営デザインシート

内閣府知的財産戦略本部の価値評価タスクフォースが策定した、知的財産を企業価値創造メカニズムに組み込んで経営をデザインするためのツール。経営幹部が自ら記入する。

1.狙い

内閣府の知的財産戦略推進事務局の「知財のビジネス価値評価検討タスクフォース」が、2018年5月に発表した企業のビジネスモデル変革のためのツールである。

以前は良質な商品を作るだけで業績を上げられたが、市場が多様化し変化が激しくなった現在では顧客ニーズを的確に捉えねばならず、そのためには無形資産・知的財産の重要性が高まる。

しかし、いくら貴重な知的財産を保有していても、それが企業のビジネスモデルと結び付いていなければ意味が無い。そこで知的財産とリンクしたビジネスモデルを構築するためのシートを政府が提供し、企業に活用してもらおう

とする試みである。

2.形態・特徴

シートは、A3版1枚で、上下左右に分かれる。上に現状の企業理念、事業コンセプトなどを書き、下に目標とするビジネスモデルに移行するための戦略や必要な資源を書き込む。左側に現在の事業概要、価値創造メカニズム（顧客への提供価値、ビジネスモデル、利用する経営資源）などを書き、右側に5〜15年後の価値創造メカニズムと中心的なビジネスモデルを書き込む。

シートは、企業全体版と各事業版に分かれ、複数事業を展開する企業にも単独事業を営む企業にも対応できる。

なお、本シート上の知的財産は、特許や商標に限らず広い範囲を想定する。

サブリース業規制

賃貸住宅の安定的な確保を図るため、サブリース業者による勧誘・契約締結行為の適正化と賃貸住宅管理業の登録制度の創設により、不適切な業者を排除するための規制。

賃貸住宅の管理は、自ら管理を実施する所有者が中心だったが、所有者の高齢化、相続等に伴う兼業化の進展等により管理業者に管理を委託する所有者が増加した。管理業者が賃貸住宅を一括で借り上げ、入居者にまた貸しするサブリースも増加している。

所有者にとってサブリースは、管理業者から賃料収入が得られるのに加え、管理の手間がかからないメリットがある。一方、将来の賃料変更、契約期間中の管理業者側からの解約等のリスクが存在する。国土交通省調査（2019年）では、契約の重要事項について説明を受けた所有者は6割にとどまり、管理業者との間でトラブルが発生した所有者は約45％に上った。管理業者が破綻して所有者が被害を受ける事例も見られる。

このような背景から「賃貸住宅の管理業務等の適正化に関する法律」が2020年12月に施行された。サブリース業者やサブリース業者と組んで賃貸住宅経営の勧誘を行う勧誘者が、所有者へ不当に勧誘することを禁止し、契約締結前に書面での説明を義務付ける。違反者には業務停止命令や罰金等が課される。また、不良業者を排除し、業界の健全な発展・育成を図るため、任意だった業者登録制度を改め、管理戸数が200戸以上の業者を対象に登録を義務付ける。

政府は、新法により2029年度までにトラブル発生の割合を15％まで引き下げる目標を掲げている。

リース会計基準

リース取引のオンバランスといった会計処理を定めており、日本基準の正式名称は「企業会計基準第13号リース取引に関する会計基準」である。

一定期間にわたり物件を使用収益する権利を貸手が与え、借手がリース料を支払う取引がリース会計基準のリース取引に該当する。契約が「リース契約」という名称でなくても、定義にあてはまればこの会計基準が適用される。

日本基準では、ファイナンス・リースとオペレーティング・リースに分類される。前者は、中途解約不能かつ物件の購入や維持等に必要な金額のほぼ全てを、借手がリース料として負担する取引が該当し、借手はリース開始時に、リース物件と将来支払うリース料を資産・負債に計上する（売買処理）。これに該当しないのがオペレーティング・リースであり、資産・負債は計上しない（賃貸借処理）。

また、国際会計基準におけるリース会計基準は近年改正があり、2019年から適用されている。借手は原則として、全てのリースについて物件の使用権を資産、未払いのリース料を負債として計上する。従って、日本基準ではオペレーティング・リースに分類されるリース（不動産賃借等を含む）であっても、国際会計基準では原則として資産と負債を計上する。

近年、日本でも国際会計基準を適用する企業が増えており、日本基準適用企業と国際会計基準適用企業の財務諸表を比較する際には注意が必要である。会計基準間の差異解消へ日本基準を国際会計基準と同様の処理に改正する検討も始まっている。

金融行政・政策

業務改善命令

金融庁が金融機関などの健全性を確保するために行う行政処分。法令違反や財務内容の悪化が明らかになった時、検査などを通じて実態を把握した上で発出する。

業務改善命令を出す際は問題が疑われる金融機関を検査し、リスク管理態勢や法令順守態勢、ガバナンスなどの観点から実態を把握するのが第1ステップ。その上で原因分析などの報告を求め、重大な問題がある場合に出される。命令を受けた銀行は改善策を盛り込んだ計画を提出する必要がある。

経営悪化する地域銀行が恐れるのが財務に関する改善命令。2018年に有価証券運用の失敗で赤字に転落した一部の地域銀行に出した。ビジネスモデルの持続可能性に深刻な問題を抱える地域金融機関に早期改善を促す狙いだ。**金融庁**幹部は「徐々に本業赤字が積み重なり、自己資本比率が最低基準を下回る恐れが高く

なってからでは遅い」と言う。

この枠組みは2019年6月には**早期警戒制度**に明記した。基準とする経営指標の1つが、収益のかさ上げに使われがちな投資信託の解約損益を除いたコア業務純益になる。一定水準を下回る場合は経営実態の把握に乗り出し、ビジネスモデルや経済環境について踏み込んで対話する。店舗や人員配置見直しなど効率化を促しても改善が見込めない場合は改善命令を検討する。

従来は法令違反やシステムトラブルなどを発端とする例が多かった。他金融機関に自主点検を促す狙いも込めて公表するケースが多い。2003～2006年度には同様の違反を年50件程度出し、「金融処分庁」と揶揄されたこともある。

早期警戒制度

金融庁が金融機関の健全性を確保するための手法の1つ。自己資本比率が最低基準を下回った銀行に発動される早期是正措置に対し、その手前で継続的な経営改善を促す枠組み。

金融庁が金融機関の健全性を確保する枠組みには「早期是正措置」と「早期警戒制度」がある。前者は自己資本比率の最低基準を対象にするのに対し、後者は同比率には表れにくい収益性や流動性などの観点から銀行経営の悪化を捉える特徴がある。早期警戒制度は2002年に導入され、警戒水域に入った場合には必要に応じて報告も求める。

典型例が「銀行勘定の金利リスク」に対する監督手法。銀行は金利が急変動した場合を想定し、預金・貸出業務や長期保有する有価証券の影響を試算し、当局に報告する。国際基準行は「Tier1資本の15％」に抑える必要があり、国内基準行は「コア資本の20％以内」が求められる。ただ、

基準に抵触しても、すぐに**業務改善命令を**出す訳ではない。まずは原因や課題を金融機関と共有し、収益力や自己資本とのバランスも勘案した上で、改善方法を協議する。

これまでは特定分野に限ることが多い手法だったが、2019年6月に地域金融機関向け監督指針を改正し、早期の経営改善を促せる制度に見直した。着目するのは、地域銀行の将来収益。投資信託の解約損益を除いたコア業務純益が数年後に一定の水準を下回る場合、銀行の経営戦略に沿って収益や自己資本の水準を総合的に点検する。検証後も5年以内にコア業純が継続的な赤字に陥る見通しの銀行には検査に乗り出し、必要に応じて業務改善命令を出す。

金融行政・政策

230

中小企業等経営強化法

政府が中堅・中小企業や小規模事業者の生産性向上を支援する枠組みを定める法律。2016年7月に施行された。認定事業者は税制優遇や金融支援などの特例措置を受けられる。

人口減少や少子高齢化で人手不足が深刻化しており、中堅以下の企業の課題である生産性向上や新事業進出を支援する目的で制定された。

企業は業界別の指針に沿って「経営力向上計画」を作り、認められれば国の支援が受けられる。指針は経済産業省の基本方針に合わせて業界を所管する省庁が作っており、優良事例を参考にした生産性向上策が盛り込まれている。

2020年3月までに製造業や卸・小売業、建設業など21分野が作成された。例えば、最新設備の導入や顧客データの分析を通じた商品の見直しなどの方策が盛り込まれている。経営力向上計画のほかに新事業へ進出するための「経営革新計画」を認定する枠組みも

用意されている。

申請企業は自社で計画策定が難しい場合は、商工会議所や金融機関、税理士などに支援を求めることも可能。認定企業は税制優遇、**政策金融機関**の低利融資や公的な信用保証枠の拡大を受けられる。

2019年の通常国会で改正中小企業等経営強化法などをたばねた中小企業強靱化法が成立し、自然災害対策がメニューに加わった。災害に強い設備への投資や損害保険の加入などを盛り込んだ事業計画を国が認定する。2020年の改正では経営革新計画などの認定を受けた企業に対し、日本政策金融公庫が現地法人に直接融資する**クロスボーダーロー**ンを行えるようにし、海外進出の支援策を充実させた。

証券取引所再編

上場会社の企業価値向上をより積極的に動機付け、国内外の多様な投資者からより高い支持を得るために、現在4つある市場構造を改善する東京証券取引所の取り組み。

2013年1月、東京証券取引所グループと大阪証券取引所の経営統合による日本取引所グループの発足を受け、同年7月に両取引所の現物市場が統合された。現物市場の統合にあたり、市場参加者に混乱が生じることを避けるため、それまでの市場区分は維持され、東証は現在、市場第一部、市場第二部、マザーズ、JASDAQの4つの市場を運営している。

企業が上場する際、最初のエントリー先としては、大企業が直接市場第一部に上場する場合を除いて、市場第二部、マザーズ、JASDAQの3市場があり、それぞれの市場にエントリーした会社がステップアップしていく先が市場第一部となる。

2020年9月末現在、市場第一部に2,176社、市場第二部に481社、マザーズに328社、JASDAQに701社と、合計3,686社が上場している。①現物市場の統合から5年が経過し、3つのエントリー市場が並立して各市場のコンセプトがあいまいなこと②上場企業の持続的な企業価値向上に向けた動機付けに乏しいこと③TOPIX（東証株価指数）＝市場第一部となっており投資対象としての機能性を備えていないこと、といった、市場構造や関連する上場制度の改善の必要性の声が内外で高まったことから、東証は2018年10月、市場構造のあり方の総合的な見直しに着手した。

東証内の議論を2019年5月から引き継いだ**金融庁**の金融

金融行政・政策

審議会は、市場構造専門グループ報告書をとりまとめ、4市場の3市場への再編、東証株価指数（TOPIX）の見直し等を提言した。これを受けて東証は、2020年2月に新市場区分の概要、移行プロセス及びスケジュールを発表した。

　東証は、現在の4市場から明確なコンセプトに基づく3市場へ再編する。具体的には、①多くの機関投資家の投資対象になり得る規模の時価総額（流動性）を持ち、より高いガバナンス水準を備える企業が上場するプライム市場②公開された市場における投資対象として一定の時価総額（流動性）を持ち、上場企業としての基本的なガバナンス水準を備える企業が上場するスタンダード市場③高い成長可能性を実現するための事業計画及びその進捗の適時・適切な開示が行われ一定の市場評価が得られる企業が上場するグロース市場——である。

　各市場区分において、時価総額（流動性）やコーポレートガバナンスその他のコンセプトを反映した基準が設けられる。各市場区分の新規上場基準と上場維持基準は原則共通化され、各市場区分は独立しているものとし、市場区分間の移行に関する緩和された基準は設けられない。市場第一部がプライム市場、市場第二部とJASDAQスタンダードがスタンダード市場、マザーズとJASDAQグロースがグロース市場に再編されるイメージである。各市場区分のコンセプトや上場基準を踏まえ、上場会社自身が市場を選択する予定だが、市場区分の上場維持基準を満たしていない場合、新市場区分の上場維持基準適合に向けた計画を提出・開示することで、経過措置の対象となる見込みである。

　2020年11月には、市場区分再編を見据えて新規上場基準や上場廃止基準が改正された。新市場区分への移行は、2022年4月1日に予定されている。

東京国際金融都市構想

東京都をロンドンやニューヨークに匹敵する国際金融都市へ発展させる都市政策。アジアにおける国際金融市場の盟主の座を取り戻すべく、多岐にわたる政策が進行している。

2021年へ**東京オリンピック・パラリンピック**の開催が見送られた東京都が、あわせて推進する国際金融都市構想は、2017年以降、様々な政策が実施段階へ移行している。東京都の国際金融都市構想は既に多くのメニューが実施段階へ移行し、五輪後の「東京都」の姿が具現化しつつある。

東京都の国際金融都市構想が、これまで頓挫を繰り返してきた諸外国の構想と異なるのは、ビジネス・生活環境、市場プレーヤーの育成、金融による社会的課題解決など、単に市場整備にとどまらないハード・ソフト面でのインフラ整備を網羅している点だ。ビジネス・生活環境の整備では、外資系企業の誘致を目指し、都心住宅地の容積率を緩

和、外国人向け住宅の建設やインターナショナルスクールの併設を後押ししている。金融専門教育では、東京都立大学経営学プログラムの金融専門家向け大学院教育が、強化されている。日本社会が歴史的に苦手としてきた起業への支援策も強化し、人材を国内外から誘致する予定である。

2020年6月30日に、中国全国人民代表大会において国家安全維持法が可決し、香港のアジアの国際金融センターとしての将来が危惧されている。このため、多くの外資系企業が、アジア拠点を再び東京都へ移転することに関心を寄せている。20年前に比べ東京都の財政健全化が進んでいることも、この政策構想実現を後押ししている。

金融リテラシー

社会の中で経済的に自立していくために必要な金融の知識や判断力のこと。リテラシーは、文書を読み書きする能力。○○リテラシーで、○○分野の理解力・活用力を指す。

個人が、経済的に自立し、より良い暮らしを実現するためには、生活設計とともに、金融商品に関する知識・判断力といった金融リテラシーの向上が重要になる。

政府による規制だけで金融における利用者保護を図るのには限界があるほか、過度な規制はイノベーションを阻害するおそれがある。利用者の金融商品を選別する目が確かになれば、より良い金融商品の普及が期待できる。

1,900兆円ほどの日本の家計金融資産の過半が現預金であるのも、分散・長期投資のメリットへの理解が十分で無いことが要因の1つとなっている。これに対し、家計の中長期の分散投資が促進されれば、成長分野への持続的な資金供給の効果も期待できる。

金融庁では、「最低限身に付けるべき金融リテラシー」の4分野として、①家計管理②生活設計③金融知識及び金融経済事情の理解と適切な金融商品の利用選択（金融取引の基本、金融経済の基礎、保険、ローン・クレジット、資産形成が含まれる）④外部の知見の適切な活用、を挙げている。

また、金融広報中央委員会による「金融リテラシー調査」（2019年）の中で、日本と欧米との比較がされているが、日本は、共通問題の正答率が低いほか、望ましい金融行動や考え方（金融商品選択時における比較検討等）においても、欧米との差がみられている。

金融行政・政策

金融包摂

全ての人々が基本的な金融サービスにアクセスでき、またそれを利用できる状況を言う。G20では、2000年代から最重要政策課題の1つとして認識され、積極的な取り組みが行われている。

人々に経済的、社会的、文化的な生活に参加する機会や資源を与えることを「社会包摂」と言う。社会包摂の中で金融サービスに焦点を当て、基本的な金融サービスにアクセスでき、それを利用できる状況を「金融包摂」(Financial Inclusion) と言う。

一方、金融サービスにアクセスできない状態を「金融排除」と言い、2016事務年度金融行政方針で「日本型金融排除」が重要論点としてとりあげられ、企業価値の向上等の実現に向けた金融機関の取り組みが期待されている。

金融サービスにアクセスできない成人は、世界中で生産年齢人口の31％に上る。貧困問題の解決には金融サービスへのアクセスが重要であると

の認識が高まっている。2009年9月のG20（主要20カ国・地域）ピッツバーグ・サミットでは「金融包摂」を首脳声明で初めてとりあげ、2010年11月のG20ソウル・サミットでは、金融包摂グローバル・パートナーシップを立ち上げたほか、7項目からなる「G20金融包摂行動計画」を採択。

近年、フィンテックを活用した金融サービスのイノベーションが活発化し、既存の金融インフラを必要としない金融サービスの低コスト化により金融包摂が促進されている。IMFでは、新興国・発展途上国におけるデジタル金融包摂の普及指数を試算しているが、デジタル化で2014年から2017年に金融包摂が進んだことが明らかになっている。

日本型金融排除

金融機関が担保・保証にこだわるあまり、将来性のある企業が必要な資金を借りられない状況のこと。金融庁は企業アンケートを行い、テーマに応じて定点観測している。

金融排除とは、海外で貧困層が金融サービスを利用できない問題を指す。「日本型金融排除」は**金融庁**の造語で、2016事務年度の金融行政方針に初めて明記された。担保が少なくても将来性のある企業が融資市場から締め出されているのではないかという懸念を示すためだ。従来から担保・保証に依存しない融資や、企業の成長性を見極める**事業性評価**融資を促しており、あえてセンセーショナルな言葉を使うことで金融機関に意識改革を迫った面もある。

金融庁が企業約3万社を対象に実施した2017年3月の調査では、融資先の信用力を格付けする「債務者区分」が低い企業ほど取引金融機関の訪問頻度は少ないことが判明した。業況が厳しい企業の方が多くの経営課題を抱えるが、融資など短期的な収益が期待できる取引先に注力している姿勢が示唆された。本業が順調な企業や担保・保全が十分な企業に金融機関が群がり、低金利競争に拍車がかかる遠因でもある。

「金融排除」という表現は金融庁の公式文書では使われなくなった。だが、2019年12月の金融検査マニュアル廃止以降はリスク管理能力や支援力が高い金融機関ほどミドルリスク層に融資しやすくなる。こうした力は持続可能なビジネスモデルを構築するカギになる可能性を秘めており、新型コロナウイルスの感染拡大で苦しむ中小企業の再生でも重要になってくる。

VII 基礎用語

金融庁

内閣府の外局であり、わが国の金融の機能の安定を確保し、預金者、保険契約者、有価証券の投資者などの保護を図るとともに、金融の円滑化を図ることを任務とする行政機関。

金融庁は、2001年1月の中央省庁再編に先行して2000年7月、金融監督庁を改組して設立された。

金融庁の所管大臣は内閣総理大臣だが、特命担当大臣（金融担当大臣）が内閣総理大臣を補佐し、金融円滑化の総合調整機能を担うとともに、金融行政を指揮・監督する。

2018年7月に大幅な組織再編が行われ、それまであった総務企画局及び検査局が廃止され、①総合政策局 ②企画市場局 ③監督局、の3局体制となった。

この組織再編は、金融行政が抱える課題の変化に的確に対応していく観点から、金融行政の戦略立案や総合調整の機能を強化するとともに、金融システム全体のリスクや業態横断的な課題に対応するため、専門分野別機能を強化すること（総合政策局の新設等）、市場機能の強化や技術の進展等に応じた制度などの施策の企画能力を強化すること（企画市場局の新設）、金融機関との継続的な対話を効果的・効率的に行うためオンサイトとオフサイトの金融モニタリングを一体化すること（監督局）、が目的とされている。また、当該3局以外には、**証券取引等監視委員会**や公認会計士・監査審査会が設置されている。

金融庁は毎年、目指す金融行政の姿とその実現に向けた当該事務年度における方針を「金融行政方針」として公表しており、金融機関に同庁が期待・要請する論点が取りまとめられている。

基礎用語

日本銀行

日本の中央銀行。銀行券の発行、物価の安定を図り、国民経済の健全な発展及び決済システムの円滑を確保し、信用秩序の維持に資することを目的としている。

日本銀行は、1882年の日本銀行条例により設立、1942年には旧「日本銀行法」が制定され、その後、大蔵省（現**財務省**）改革の一環で1997年に旧日銀法が全面改正されて新「日本銀行法」が成立し、1998年4月に施行された。

新日銀法では、政府の広範な監督権限を合法性のチェックに限定し、政策委員会の政府代表委員制度の廃止などによって、独立性の確保が図られた。また、金融政策決定会合の議事要旨の公開の仕組みなどにより透明性の向上が図られ、業務内容の明確化の観点から、金融機関に対する考査の法定化がなされた。

日銀は、政策委員会を最高意思決定機関としており、その構成員（総裁、副総裁及び審議委員）は、国会の同意を得て内閣が任命する。任期は5年となっている。

本店には、①政策委員会の議事運営などを担う「政策委員会室」②通貨・金融調節に関する基本的事項の企画・立案を担う「企画局」③信用秩序の維持に関する基本的事項の企画・立案や考査などを担う「金融機構局」④決済システムに関する基本的事項の企画・立案などを担う「決済機構局」⑤金融市場調節の実施内容の決定などを担う「金融市場局」⑥外国中央銀行との連絡・調整などを行う「国際局」、など14室局及び金融研究所が設置されている。

本店以外に、国内32支店・14事務所、海外7駐在員事務所の拠点を有している。

財務省

国の予算・決算の作成、内国税制度、関税制度の企画・立案、国債・貨幣の発行、外国為替・国際通貨制度の企画・立案などを担当する組織。

1997年に、大蔵省から金融機関などに対する検査・監督の機能が新設の金融監督庁に移管され、同庁が2000年7月に**金融庁**に改組されると、金融危機管理（共管）を除く金融制度の企画・立案機能も移管された。これにより大蔵省は、2001年1月の中央省庁再編で財務省に改組された。

財務省の機構は本省と外局に分かれており、本省は内部部局、施設等機関、地方支分部局によって構成されている。

このうち内部部局は、①総合調整、**政策金融機関**に関する制度及び金融危機管理に関する企画・立案などを行う「大臣官房」②国の予算・決算及び会計制度の企画・立案などを行う「主計局」③内国税制度の企画・立案などを行う「主

税局」④関税制度の企画・立案などを行う「関税局」⑤国庫制度や公債・貨幣の発行及び財政投融資などを行う「理財局」⑥外国為替・国際通貨制度の安定に関する調査・企画・立案などの事務を行う「国際局」によって構成されている。

施設等機関は、財務総合政策研究所、会計センター、関税中央分析所、税関研修所の4機関で構成されている。地方支分部局は、財務局（全国9カ所）、税関（同8カ所）及び沖縄地区税関で構成される。

外局としては国税庁があり、内国税の賦課徴収、税理士制度の運営などを担当している。また、造幣局及び国立印刷局、並びに日本政策投資銀行などを所管している。

基礎用語

FRB(米国連邦準備制度理事会)

米国の中央銀行としての役割を担う米連邦準備制度の中核機関。各地域において銀行監督や紙幣の発行を行う12の地区連邦準備銀行を統括し、金融政策などを実施する。

国土面積が広大な米国では、東海岸地域と西海岸地域の金利水準や経済動向が異なる状況が生じ得る。このため、**日本銀行**やイングランド銀行とは異なり、米国ではニューヨーク連邦準備銀行（連銀）をはじめ12の地区連銀が存在し、各地域で銀行監督や紙幣の発行を行っている。

FRBは、この12の地区連銀のとりまとめ役としてワシントンDCに本部を置く。重要な任務である金融政策は、米連邦公開市場委員会（FOMC）の決定をもとに実施される。FOMCでは、フェデラル・ファンド・レート（FF金利）の誘導目標が決定され、FRBが短期金融市場においてこの金融調節を実施する。この金融政策を決定するFOMCは、大統領に指名される7人のFRB理事と5人の地区連銀総裁により構成される。議決権を持つ5人の地区連銀総裁を含むことで、異なる地域の経済動向を1つの金融政策に反映する。

FRBは、1913年の連邦準備法に基づき設立された連邦準備局を前身とし、1935年の銀行法施行以降、現在の名称が掲げられている。FRB理事7人から議長、副議長が選任され、4年ごとに改選される。

FRBは連邦準備法上、中央銀行としての独立性が保証される。しかし、大統領が理事7人を指名することから、ジェローム・パウエルFRB議長に対する、ドナルド・トランプ大統領の政治的圧力が危惧されている。

ECB(欧州中央銀行)

欧州19カ国が加盟する中央銀行。1999年に設立され、加盟国の物価安定を政策目標とする金融政策を行う。ラガルド総裁就任以降、機構改革への期待が高まっている。

欧州では、ECBが1999年以降、加盟国の物価安定を目標とする金融政策を行っている。欧州連合参加国のうち、19カ国が加盟する単一通貨ユーロの通貨管理体制を総称して、ユーロシステムと呼ぶ。

ECBの組織は、6人から構成される常務理事会、加盟19カ国の中央銀行総裁から構成される政策理事会(合計25人)が、金融政策に関わる意思決定を行う。常務理事会、政策理事会では、政策金利であるリファイナンス金利の水準の決定ほか、近年はこれらに単一監督メカニズム(SSM)に基づく、銀行監督が新たな任務として加えられている。

金融政策に関わる意思決定を議論する政策理事会、この討議内容に関わる報道発表は6週間ごとに実施される。**日本銀行**の金融政策決定会合、米国の連邦公開市場委員会の開催頻度が年間8回であることと比較すると、ECB政策理事会は他の先進主要国よりも高い頻度で開催し、報道発表されていることになる。

マリオ・ドラギECB総裁退任後、2019年10月にクリスティーヌ・ラガルド前国際通貨基金(IMF)専務理事が総裁に就任した。欧州委員長にはドイツのフォン・デア・ライエン氏が就任することで、EU主要人事は、フランスとドイツでバランスを取る形で決着を見た。

統一通貨ユーロは、その金融政策よりも、人事を巡る国際政治上の駆け引きに、注目が集まる時代を迎えている。

基礎用語

バーゼル銀行監督委員会

主要国の中央銀行と銀行監督当局の代表で構成し、銀行監督などに関する国際協調を担う。バーゼル規制など銀行のリスク管理に関する実務の推進強化などに取り組んでいる。

バーゼル銀行監督委員会（BCBS）は、1975年にG10諸国の中央銀行総裁会議により設立・開催された委員会で、銀行の健全性維持を目指した自己資本比率基準やリスク管理指針などを協議する場である。上位機関に中央銀行総裁・銀行監督当局長官グループ（GHOS）がある。メンバーは、日本を含む27の国・地域の中央銀行と銀行監督当局の代表である。委員会は通常、スイス・バーゼルの国際決済銀行（BIS）で開かれる（日本は**日本銀行**と**金融庁**が参加）。

同委員会には銀行に対する直接的な監督権限は無い。合意事項も法的拘束力が無いが、多くの国で実施されている。1988年策定の「自己資本の測定と基準に関する国際的統一化」による規制（バーゼル1）は、2004年にリスク算出基準が精緻化された（バーゼル2）。その後2010年には、自己資本の最低水準引き上げや質の厳格化が合意された。また、良質な流動資産確保を求めるLCR（流動性カバレッジ比率）や安定調達比率の導入、レバレッジ比率の最低水準設置及び国際金融システムで重要な銀行（G-SIBs）に対する追加措置なども合意された（**バーゼル3**）。既に段階的に実施されており、2028年初に完全実施の予定である。

同委員会は銀行監督の国際的な基準設置団体としての機能を強め、銀行システムの安定性を高めたとみられる。他方、厳格な資本規制の負の影響を懸念する声もある。

バーゼル3

銀行の資本基盤強化、レバレッジ抑制及び流動性リスク管理強化を目的にバーゼル2を見直して2010年に合意に達した枠組み。リスクアセットの見直しを経て2017年に最終化。

1.自己資本比率規制

「自己資本の質の強化」及び「リスク捕捉の強化」を目的とした見直しである。

「自己資本の質の強化」は、損失吸収力の高い資本である「普通株式等Tier1」を中心とした資本構成を促すために、従来の自己資本比率8％に加えて普通株式等Tier1比率4.5％及びTier1比率6.0％を最低比率として設定。

また、調整項目（従来の控除項目）の定義を厳格化し、主に普通株式等Tier1で調整するようにした。「リスク捕捉の強化」は、**デリバティブ取引**に伴うカウンターパーティリスク（取引相手の信用リスク）や大規模な金融機関へのエクスポージャーに関わる資本賦課を強めるものとなった。

日本では、国際統一基準行には2013年3月末から導入され、国内基準行には2014年3月末から導入された。国内基準行には、「コア資本」（普通株式及び内部留保を中心に、強制転換型優先株式などを加えたもの）の概念が導入され、国内独自のルールも設けられた。

2.レバレッジ比率規制

過度なレバレッジの積み上がりの抑制を目的として、バーゼル3から新たに導入された規制である。日本では、2019年3月から国際統一基準行を対象に最低所要比率3％を求めるレバレッジ比率規制（第一の柱）が導入された。「レバレッジ比率＝Tier1の額÷（オンバランス項目、デリ

バティブ、証券金融取引及び
オフバランス項目の合計額）
≧3％」

3.流動性規制（LCR）

景気後退局面といった「ス
トレス時」の資金繰りに対応
できるように、流動性の高い
資産の保有を促進することを
目的として、バーゼル3から
新たに導入された規制である。
国際統一基準行に適用。「流
動性カバレッジ比率（LCR）
＝適格流動資産の額÷30日間
のストレス期間に想定される
キャッシュアウト≧100％」

4.流動性規制（安定調達比率）

資産の運用と調達の期間の
ミスマッチを抑制することを
目的に、バーゼル3から新た
に導入された規制。国際統一
基準行に適用される予定であ
るが、現状、海外の実施状況
等を勘案し適用時期は未定。

「安定調達比率＝安定調達
額÷運用資産の期間に応じた
所用安定調達額＞100％」

なお、バーゼル3の導入後
も、内部モデルの使用に伴う
リスクアセット計測のバラつ
きやリスクに対する感応度の
向上等を目指し、見直しが続
けられた。

2017年12月に、信用リスク
の標準的手法、信用リスクの
内部モデル手法、資本フロア
の設定、オペレーショナルリ
スクの計測手法、CVAリス
クの計測手法及びレバレッジ
比率について見直しが行わ
れ、バーゼル3の枠組みは最
終化に至った。

これらの見直しは、当初、
2022年から適用される予定で
あったが、新型コロナウイル
ス感染拡大の影響を踏まえ
2023年から段階的に実施され
る予定だ。これまで内部モデ
ルを採用していた銀行は、内
部モデルの使用の制限や資本
フロアの導入に伴うリスクア
セットの増加などにより、各
行のリスク管理やビジネス戦
略に影響を与えることが予想
されている。

基礎用語

G20（主要20カ国・地域）

主要先進7カ国G7に新興国12カ国などを加えた20カ国・地域を指す。近年、新興国経済の全世界比が高まり、G20会議の国際社会への影響力も高まっている。

1980年代後半には全世界の70％を超えた主要先進7カ国（米国、カナダ、日本、ドイツ、フランス、英国、イタリア）経済の全世界に対する比率は、現在は40％台に低下している。この間、中国をはじめとする新興国のシェアが高まり、新興国の国際社会における発言力が強まっている。特に2008年リーマン・ショック後、開催頻度が高まっているのがG20国際会合である。

G20に参加する新興国は、アルゼンチン、豪州、ブラジル、中国、インド、インドネシア、韓国、メキシコ、ロシア、サウジアラビア、南アフリカ、トルコの12カ国である。この12カ国にG7諸国、欧州連合を加えた20カ国・地域の財務大臣・中央銀行総裁で構成されるのが、G20財務大臣・中央銀行総裁会議。

2019年の全世界の国内総生産の規模が約88兆ドル（世界銀行）であるのに対し、金融資本市場の資産負債残高は251兆ドル（2019年、国際金融協会）に達する。この全世界のGDPの3倍に相当する国際資本を管理するには、もはやG7諸国のみでは力不足であり、G20国際会合がこうした問題に対処する目的として、開催頻度を高めている。

中国のGDPが2030年前後に米国を逆転することがほぼ確実視される中、他の新興国諸国のGDP規模も、高い成長率が見込まれる。今後は新興国12カ国の発言力が一層強まり、G7の枠組みが次第に形骸化することが予想される。

基礎用語

FSB（金融安定理事会）

金融システムの安定に係る国際的な課題について議論することを目的とした、監督当局等から構成される国際的な組織。日本からは金融庁、財務省、日本銀行が参加。

FSB（Financial Stability Board）は、2009年4月に設立された国際的な組織であり、全ての**G20（主要20カ国・地域）**に所属する国や地域等の国内当局（監督当局、財務省、中央銀行）のほか、国際通貨基金（IMF）などの国際金融機関、**バーゼル銀行監督委員会**などの金融分野の国際基準設定主体などから構成されている。

金融システムの脆弱性への対応や金融システムの安定を担う当局間の協調の促進に向けた活動など、が行われている。例えば、金融規制改革の影響評価、市場分断の回避、技術革新（**暗号資産**や分散型金融技術など）、金融機関の実効的な破綻処理、金利指標改革などに取り組んでいる。

国際的な議論の枠組み

出所）金融庁：金融庁の1年（2018事務年度版）

G-SIFIs

「Global Systemically Important Financial Institutions」の略で、国際金融システム上重要な金融機関。これを銀行に限定したものがG-SIBs（Global Systemically Important Banks）である。

リーマン・ショック後、リーマン・ブラザーズのような大手金融機関の経営破綻によるシステミックリスクを回避し、破綻処理が難しい大手金融機関の経営にモラルハザードを防止することが各国の金融当局の共通課題となった。

2010年11月に**FSB（金融安定理事会）**はG-SIFIsについて規制強化する方針を公表した。2011年11月のカンヌでの**G20**首脳会議では、G-SIFIsに関して、追加的な自己資本規制の強化や再建・破綻処理計画の策定を求めることで合意した。

2011年以降、FSBは毎年11月にG-SIFIsを指定しており、2013年からは保険会社（G-SIIs、Global Systemically Important Insurers）の指定が開始された。しかしながら、2017年以降、FSBはG-SIIsの公表を停止した。保険業界に関してはIAIS（保険監督者国際機構）の枠組みの下で、国際的なルールが実施される予定である。このため、現状のG-SIFIsはG-SIBsのみとなっている。日本では3メガバンクグループがG-SIBsの指定を受けている。

G-SIBsは、重要性の区分に応じて1.0～2.5％の自己資本比率の上乗せが求められる。FSBは2014年11月、G-SIBsの**TLAC（総損失吸収能力）**の充実に関する提案を公表し、2015年11月にTLACの具体的な水準を公表した。G-SIBsは損失を吸収できる社債等をリスク資産比で2019年に最低16％、2022年に18％保有することとされている。

TLAC（総損失吸収能力）

グローバルなシステム上重要な銀行（G-SIBs）が破綻した際、公的資金の注入を回避するため、当該社債保有者がその負担を負うためのFSB（金融安定理事会）制定の資本規制。

TLACに関する規制は、FSBは2015年11月に最終文書を公表した。日本では、2019年3月末より施行されており、いわゆる3メガバンクと野村ホールディングスが対象となっている。

TLACに関する規制は、発行体と、保有者（投資家）に関するものの2つがある。前者は、上記大手金融機関の所要自己資本比率に関するもので、当該規制（TLAC規制）により、さらに多くの自己資本を確保する必要が生まれた。後者は当該大手金融機関が発行するTLAC債を保有する金融機関を対象とするもので、「TLAC保有規制」とも称される。

対象者の「数」という意味で、金融業界に対し大きな影響を持つのは、上記2つのうち、後者、すなわち「TLAC保有規制」であろう。金融システム全体へのインパクトを考えるに際しては、TLAC規制は重要だが、超低金利の折、地域金融機関は、TLAC債への投資を拡大させているようにも見受けられる。

「TLAC保有規制」は、TLAC債を保有する金融機関に対し適用される。具体的には、TLAC債を保有する金融機関は、いわゆるダブルギアリング規制の下、国際統一基準行では、一定の閾値を超えるとTier2資本からの資本控除が必要となる。TLAC規制については、EUや米国等、各国間で規制内容にばらつきがあるとされる。わが国金融機関では、国内基準だけでなく、諸外国のTLAC規制についても適切な把握が求められる。

基礎用語

251

総合取引所

有価証券（現物の株式、債券など）、証券・金融先物（株価指数先物、国債先物など）、商品先物（金、原油、穀物など）を総合的に取引できる取引所。

　海外取引所グループの多くは株式、債券、証券、金融先物、商品先物といった幅広い商品を一元的に提供している。

　日本では、有価証券と証券・金融先物は**金融商品取引法**に基づき**金融庁**が所管するのに対し、商品先物は商品先物取引法に基づき経済産業省と農林水産省が所管することから、省庁間の意見がまとまらず総合取引所実現に向けての動きは長らく停滞した。2018年11月に規制改革推進会議による総合取引所の早期実現の答申を受け、2019年10月、東京証券取引所などを傘下に持つ日本取引所グループ（JPX）が、東京商品取引所（TOCOM）をTOB（株式公開買付け）により完全子会社化した。2020年7月に、貴金属や農産物の商品先物がTOCOMから大阪取引所に移管され、ようやく総合取引所が実現した。原油や電力の商品先物はTOCOMに残り、TOCOMは総合エネルギー市場の取引所として存続することが決まった。

　JPXは、投資家の利便性向上へ全取引対象を大阪取引所に移管したい考えだが、エネルギー関連の商品を扱いたい経済産業省、TOCOMとの溝は深く、目途は立っていない。2019年の日本の商品先物の売買高は約1,900万枚で、2005年比で8割減少する一方、世界の売買高は7億6,000万枚から72億枚と10倍弱に拡大しており、JPXと海外大手取引所との差は広がっている。総合取引所実現を機に、商品先物の売買高拡大が期待される。

証券取引等監視委員会

証券取引の公正確保を目的として1992年に設置。調査・検査を通じた市場監視を行い、市場の公正性・透明性の確保や投資者保護を実現する組織である。

証券取引等監視委員会（以下、証券取引委）は内閣府設置法第54条及び**金融庁**設置法第6条に基づく合議制の機関。行政委員会ではなく、金融庁に置かれる審議会等の組織である。委員長と委員2人で構成され、任期は3年。1991年に証券大手4社による損失補填問題が発覚し、世論の批判が高まると、大蔵省（現**財務省**）は、損失補填や取引一任勘定の禁止などを内容とした「改正証券取引法」を成立させた。これと並行して、大蔵省内に証券取引委員会を設置し、のちに銀行局、証券局が金融監督庁（現金融庁）として独立すると、同庁に移管された。

現在では、市場の公正性・透明性の確保、投資者保護等を目的に、①**インサイダー取**引・相場操縦等の不公正取引に対する調査②上場企業等のディスクロージャー違反に対する開示検査③金融商品取引業者等の法令違反行為等に対する証券検査④調査・検査結果を踏まえた行政処分・課徴金納付命令の勧告や告発、などの活動を行っている。活動実績としては、審査の実施は年1,000件程度、情報の受付は年6,000〜7,000件程度であり、これらを受け年数件程度、反則事件の告発を行う。

新たな金融商品の開発とともに、業務範囲も拡大している。**暗号資産**、**デリバティブ**取引や商品関連デリバティブ取引を業として行う者が第一種金融商品取引業者に位置付けられ、証券検査における対象となった。

基礎用語

インサイダー取引

インサイダー取引とは、公表前の企業の重要な情報を利用して利益を得る、あるいは損失を回避する取引のことであり、金融商品取引法において厳しく規制されている。

インサイダー取引とは、会社の内部情報に接する会社関係者などが、その情報が公表される前に当該会社の株式売買などの証券取引を行うこと。この種の取引が行われると一般の投資家を不公平な立場に置くことになり、証券市場の公正性、健全性を損なう。

このため**金融商品取引法**（166条など）は重要な情報の公表時期、規制対象となる取引主体、情報を定義し、罰則規定を定めている。「公表」とは、重要な事実が①上場取引所の所定のホームページに掲載され公衆縦覧②2つ以上の報道機関に公開され12時間経過③記載された有価証券報告書などの公衆縦覧——の要件が満たされることを指す。

規制対象の取引主体は、職務に関して重要な事実を知った会社関係者や、そこから重要な事実を伝達された情報受領者ら。2013年6月成立の改正金商法では制裁の観点が強まり、2014年4月施行の改正では、インサイダー取引の情報提供側にも刑事罰や課徴金が課された。なお、売買によって実際には利益をあげていない場合も規制の対象となり得る。罰則は5年以下の懲役、もしくは500万円以下の罰金、またはこれらの併科となる。

2019年度のインサイダー取引の課徴金納付命令勧告は24件。インサイダー取引の防止には、上場会社による情報管理の徹底や金融当局の規制が不可欠である。一方、過度の対応が実体経済を委縮させない配慮も必要である。

基礎用語

金融審議会

金融庁設置法第6条に基づく諮問機関。内閣総理大臣などの諮問に応じ、国内金融に関する制度の改善事項などを調査・審議し、意見などを表明するための組織。

金融審議会の下には、金融分科会、金利調整分科会、公認会計士制度部会、自動車損害賠償責任保険制度部会が設置されている。具体的な政策課題を金融審議会に諮問し、政策課題ごとに検討が終了した段階で解散するサンセット方式のワーキング・グループを設置し、実務的・専門的な観点から検討している。

「銀行制度等ワーキング・グループ」においては、人口減少等の社会経済の構造的な課題や新型コロナウイルス感染等の影響を踏まえ、銀行の業務範囲規制を始めとする銀行制度等のあり方について審議を行っている。

検討課題に関する主な規制としては、業務範囲規制(銀行〔本体〕の業務範囲、子会社・兄弟会社の業務範囲、外国子会社・外国兄弟会社の業務範囲)、議決権取得等制限(いわゆる5%・15%ルール)、銀行主要株主規制がある。銀行グループの他業規制の緩和や保有リソースの最大活用を法的側面から促すことで、**地方創生**の取り組みを加速していくことが期待されている。

「市場制度ワーキング・グループ」においては、コロナ後の新たな経済社会を見据え、日本の資本市場の資金調達機能の向上と、中小企業を始めとする非上場企業の資金調達手段へのアクセスの拡充のため、成長資金の供給や金融商品取引業者と銀行との顧客情報の共有(いわゆるファイアーウォール規制)等のあり方について審議を行っている。

成長戦略会議

成長戦略会議とは、官房長官を議長として、経済財政諮問会議で議論された経済財政運営及び改革の基本的な方針について、具体策を議論するために設置された会議である。

成長戦略会議とは、菅義偉内閣発足に伴い新設された、成長戦略に関する議論を行う会議である。後述する未来投資会議を前身とする。

未来投資会議は日本経済再生本部の下、日本の成長戦略、都市一極集中の是正、IT化をはじめとする構造改革を中心に経済成長について議論する会議であった。この会議は成長戦略の司令塔と位置付けられ、官民が一体となって協業的に議論を行う体制を特徴としていた。また、第4次産業革命の諸課題や中小企業の生産性向上といった総論的なテーマだけでなく、フィンテック、金融分野や自動走行といった今日的な個別の論点についても迅速に議論を行う点も本会議の特徴であった。

直近では新型コロナウイルスへの対応や、5G（第5世代移動通信システム）の加速の推進などが議論され、打ち出された方針が政策の方向付けを担う事例も多く存在した。

こうした未来投資会議における議論をもとに、構造改革徹底推進会合が設置された。これは未来投資会議で議論された個別の議題のうち、第4次産業革命、企業関連制度改革と産業構造改革、健康・医療・介護、地域経済・インフラの4議題を強く推進するために構成された会合である。

成長戦略会議はこれらの未来投資会議の取り組みを踏襲しつつ、経済財政諮問会議を司令塔に据え議論を行うために新設された。それに伴い未来投資会議は廃止となった。

基礎用語

政策金融機関

特別法に基づく金融機関で、政府系金融機関とも呼ばれる。政府の政策を融資・保証などを通じて実現する役割を担う。資金は財政投融資や政府保証付き借入金で調達する。

　公益性の高い分野でありながら、民間金融機関だけで対応するにはリスクが大きい領域に資金供給するのが役割。民業を補完する責務を負う。

　戦前から政策目的を実現するために数多くの政策金融機関が設立されてきたが、次第に官業の肥大化による民業圧迫が問題視された。当時の小泉純一郎政権が「民にできることは民に」「官から民へ」をキャッチフレーズに政策金融改革に取り組み、2005年の基本方針に沿って統合が進められた。現在は日本政策金融公庫（日本公庫）、国際協力銀行、日本政策投資銀行、商工組合中央金庫（商工中金）、沖縄振興開発金融公庫、住宅金融支援機構、地方公共団体金融機構に集約されている。

　政策金融は危機時に必要性の認識が高まる。新型コロナウイルスの感染が拡大した際の資金繰り支援が典型例だ。政府が実質無利子・無担保融資を用意し、日本公庫が実行する役割を担った。商工中金を含めたコロナ対策の関連融資は承諾件数が約66万件（2020年9月3日現在）に達し、一時的に窓口が「パンク状態」に陥った。民間金融機関が対応しにくい劣後ローンを供給する役割も大きい。

　一方、平時には民業圧迫の批判が付きまとい、コロナ前には地域銀行が改善を強く迫ったこともある。所管する**財務省**など関係省庁は民間金融機関と定期的に意見交換し、協調融資を推進するなど改善する兆しが見えている。

基礎用語

地域経済活性化支援機構

2009年10月に企業再生支援機構として設立した株式会社、2013年3月の法改正で社名の変更や事業拡大などを実施した。REVIC（Regional Economy Vitalization Corporation of Japan）と言う。

2013年3月より「株式会社地域経済活性化支援機構法」（機構法）を根拠法に、大規模事業者など一部の支援対象除外事業者以外の全事業者を対象に地域活性化支援を行う組織。

2018年5月の法改正を受け、現在は、①特定専門家派遣による金融機関等が行う**事業性評価**や事業者の課題解決に対する助言等②地域経済牽引事業者支援を目的に、金融機関等と共同した地域活性化ファンドの運営③地域活性化ファンドや事業再生ファンドへのLP（有限責任組合員）出資を通した地域経済活性化・事業再生支援④**経営者保証**付貸付債権等の金融機関等から買い取り、事業者の金融債務整理と経営者個人の保証債務の整理を一体で行う業務⑤有用な経営資源を有しながら過大債務を負う事業者・病院・学校等への事業再生計画に基く過大債務の削減等を通じた財務の再構築や事業内容の見直し、十分な事業利益の確保による競争力回復と事業再生の支援、⑥事業再生ファンドの運営を通じた窮境にある事業者に対する貸付債権を金融機関から買い取るほか、再生に必要な新たな資金を社債や融資の形で提供する業務などを公的・中立的な第三者の立場から実施している。

近年は多発する激甚災害からの企業の復興支援や、2020年5月からは、コロナ禍で経営悪化した企業への相談業務や事業支援にも積極的に対応している。

基礎用語

よろず支援拠点

中小企業・小規模事業者の経営上の様々な悩みや課題をワンストップで支援することを目的に、2014年6月から全国の各都道府県に設置されている経営相談所。

よろず支援拠点は、売上拡大や経営改善、**事業承継**、創業など、中小企業・小規模事業者のあらゆる悩みの相談にワンストップで対応することを目的に、国が全国の各都道府県に2014年から設置している経営相談所である。

独立行政法人中小企業基盤整備機構が全国本部として各よろず支援拠点をバックアップしている。利用者は何度でも無料で相談することができるのが特徴になっている。

よろず支援拠点が設置された背景には、アベノミクスにおける成長戦略の1つとして成立した「小規模企業振興基本法」があり、よろず支援拠点が地域活性化の中核的な存在となることや、そのノウハウが地域の支援機関に普及して

いくことが期待されていた。

相談内容に応じて、適切な支援機関や専門家の紹介、国や自治体の支援策の利用促進、その担当者の紹介などを行っている。これまでの主要な支援事例は、よろず支援拠点全国本部のホームページ上において、都道府県、業種、課題別に細かく検索することができる。

2019年度の実績は、相談対応件数が32万6,584件（前年比25％増）、来訪相談者数が13万9,368人（前年比20％増）であった。相談内容の内訳では、売上拡大が7割以上を占めており、経営改善・事業再生、創業がそれに続いている。相談した事業者の規模別の内訳では従業員数5人以下が過半を占めている。

基礎用語

事業引継ぎ支援センター

中小企業・小規模事業者の事業の存続や承継に関する問題について、情報提供や支援を行うことを目的に、全国の各都道府県に設置されている支援機関。

中小企業・小規模事業者は、後継者不足による**事業承継**問題が深刻化している。後継者がいないために廃業を余儀なくされる会社や事業も少なくない。このような問題には**M&A**の活用が考えられるが、大企業のM&Aとは異なり、中小企業などのM&Aは成約までに要するコストに比べて手数料収入が少なく、十分な規模の民間の市場が成立していない。

事業引継ぎ支援センターとは、これらの問題の改善を図るため、事業承継で悩みを抱える中小企業に対して専門家による適切な助言や情報提供、マッチング支援を実施するために独立行政法人中小企業基盤整備機構が設置した公的な支援機関である。

2011年の産業活力再生特別措置法の改正を受けて、まず、全国47都道府県の商工会議所などの認定支援機関に「事業引継ぎ相談窓口」が設置された。そのうち、M&Aの活用を含めたより専門的な支援を実施することを目的に、事業引き継ぎ支援のニーズが高く、かつ支援体制が整った地域についてのみ事業引継ぎ支援センターが設置された。現在では全国47都道府県の全てに開設されている。

発足以降、2019年度末までに4万8,505社の相談に応じ、3,577件の事業引き継ぎを実現した。2019年度の相談件数は過去最高の1万1,514社であり、事業引継ぎ件数は1,176件と初めて1,000件の大台を超えた。

経営革新等支援機関

国から「中小企業・小規模事業者からの経営相談に対応できる専門的知識や支援に係る実務経験を有する」と認定を受けた個人や法人、認定支援機関。

中小企業などへの支援事業の担い手の多様化と活性化を図るため、2012年8月に施行された「中小企業経営力強化支援法」に基づき、一定レベル以上の専門知識や実務経験を有する個人や法人を公的な支援機関として認定する制度が創設された。

具体的には、全国の商工会議所、税理士、弁護士、民間コンサルティング会社、地域金融機関などが支援機関として認定されている。2020年8月末時点の全国の認定支援機関の総数は3万6,726機関。従来、経営革新等支援機関の認定の際には、各経済産業局が発行する認定通知書とは別に、認定証を発行していたが、業務軽減の観点から現在は廃止されている。経営相談を希望する中小企業などは、経済産業局のホームページなどから各支援機関の得意分野や実績を検索することができる。

主な支援内容は、経営の状況に関する調査・分析、事業計画の策定や必要な指導、助言である。支援した案件の継続的なモニタリングやフォローアップも行っている。さらに、資金調達力の向上へ計算書類などの作成及び活用を推奨している。

支援体制の強化や支援能力向上を図るため、独立行政法人中小企業基盤整備機構（中小機構）では、認定支援機関に対し各種の研修やセミナーを実施している。そのほか、中小機構の各地域本部での窓口相談や専門家らの派遣による出張相談も行っている。

基礎用語

中小企業再生支援協議会

経営不振に陥った中小企業に、税理士や弁護士ら知識と経験を持つ専門家が解決に向けた助言や再生支援を行うことを目的に、各都道府県に設置された組織。

中小企業再生支援協議会は、2003年4月施行の産業再生法に基づき、中小企業に再生支援業務を行う者として認定を受けた商工会議所などの支援機関を受託機関として、同機関内に設置されている。同年2月から全国に順次設置、現在は全国47都道府県に1カ所ずつ設置されている。

各地の中小企業再生支援協議会では、事業再生に関する知識と経験を持つ専門家（金融機関出身者、公認会計士、税理士、弁護士、中小企業診断士ら）が統括責任者として常駐し、経営不振に陥った中小企業からの相談を受け付けている。解決に向けた助言や支援策・支援機関の紹介（一次対応）だけでなく、事業性など一定の要件を満たす場合

には、再生計画の策定支援（二次対応）も行っている。あくまでも公正中立な第三者の機関であり、当該企業の事業面や財務面の詳細な調査分析を実施し、金融機関へ調停案の提示を含めた再生計画の策定を支援している。

発足以降、2019年度末までに4万4,391社からの相談に応じ、1万5,185社の再生計画の策定支援を完了しており、着実に成果を上げている。2019年度の窓口相談企業数は2,247件であり、ピーク時の2013年度と比べて約半分ではあるが、3年連続して増加している。協議会に持ち込まれた相談の累計では、金融機関による持ち込み件数が過半を占めるが、その割合は低下傾向にある。

銀行法改正

銀行法はフィンテックの台頭など技術革新を背景に改正が相次いでいる。2016年から4年で3回改正され、2021年の国会提出を視野に銀行グループの業務範囲拡大が検討されている。

「2016年改正」の柱は、利便性向上などを目的とすれば、幅広い業務を行いやすい「**高度化等会社**」制度の創設だ。銀行の出資上限が緩和され、フィンテック企業などに100％出資できるようになった。第1号は三井住友フィナンシャルグループで複数の生体情報を組み合わせた本人認証サービスを提供する子会社が認定を受けた。2019年10月には監督指針が見直され、地元産品の販路拡大を支援する**地域商社**にも適用されるようになった。2020年9月までに約20社が認可された。

「2017年改正」では銀行に対し、フィンテック企業などが銀行システムに安全に接続できるAPIを公開するよう、努力義務を課した。

「2019年改正」（2020年5月施行）は銀行による情報の利活用を後押しする環境を整えた。銀行本体が個人情報保護法令の範囲内で利用者の購買情報を他社に有償で提供し、収益を稼ぐビジネスを可能にした。個人情報を管理して他社に提供する「**情報銀行**」への参入も改正の念頭にある。

2021年の通常国会で改正が見込まれるのは**地方創生**を支援しやすくする環境の整備だ。**金融庁**は銀行グループの業務範囲を広げ、新型コロナウイルスの影響で苦しむ取引先の事業再生やベンチャー企業の育成などを後押ししたい考え。高度化等会社は条件を満たせば、金融庁への届け出だけで済む形態も創設する方向で検討されている。

金融商品取引法

従来の縦割り業法を見直し、投資性の強い金融商品を幅広く対象とする横断的な制度を整備することを目的に、名称を「証券取引法」から変更して2007年9月に施行された法律。

2006年6月、証券取引法の改正という形で金融商品取引法が成立した。金融先物取引法、投資顧問業法、外国証券業者に関する法律、抵当証券業の規制等に関する法律、投資信託法は金融商品取引法に統合され（投資信託法は一部のみ）、金融商品取引法は2007年9月から施行された。

金融商品取引法では、規制対象商品の拡大、規制対象業務の横断化、行為規制の整備・柔軟化などのほか、開示制度の充実、各種罰則規制の強化が図られている。

なお、預金取り扱い金融機関や保険会社のように、免許制の下でより高度な業規制が課せられている業者については、金融商品取引法の直接的な規制対象とせず、別途、各業法を改正して必要な行為規制が整備された。

具体的には、外貨預金、仕組み預金、変額年金保険、各種デリバティブのように投資性の高い商品を取り扱う場合には、金融商品取引法の行為規制を業法において準用することとし、主に広告規制、契約締結前・契約締結時の書面交付、不招請勧誘（顧客からの依頼が無い勧誘）・再勧誘の禁止（一定の業務）、損失補てんの禁止、適合性の原則——などの行為規制が課された。

施行後も、金融ADR制度（金融分野における裁判外紛争解決制度）の創設、デリバティブ取引に係る勧誘行為規制の強化、インサイダー取引規制の見直しなどの改正が行われている。

FATCA（外国口座税務コンプライアンス法）

米国の税法「Foreign Account Tax Compliance Act」の略。米国人の海外口座による租税回避阻止のため、米国外の金融機関に米国納税義務者の口座を特定、報告義務を課す法律。

FATCAは、2010年3月18日に米雇用関連法の一部として成立、即日施行された。法律の適用日は2013年1月1日だったが、経過措置により実質的には2014年7月1日から適用が開始されている。

金融機関で預金口座を初めて開設する際や米国へ転居する際などに、米国の納税義務者に該当するかの確認が行われる場合がある。該当する場合には、本人の同意のもと、米内国歳入庁（IRS：Internal Revenue Service）に預金口座の情報などが報告される。

FATCAでは、外国金融機関（FFI：Foreign Financial Institution）がIRSと契約を締結した上で、FFIに開設されている米国口座の保有者に関する情報を収集し、IRSに対しての報告を求めている。なお、FATCAではFFIが非常に広範に定義されており、銀行、証券、保険、農・漁協、信金・信組、労金、投資信託、投資組合が対象となっている。

近年では多国籍企業や富裕層が、租税回避地（いわゆるタックス・ヘブン）に資産を移転させた上で、オフショア取引を通じた脱税行為が世界的に問題化。FATCAはこうした行為の阻止を担っている。

FATCAは米国の税法であるが、米国以外の金融機関も影響を受けるため、日米両政府はFATCAが日本の国内法に抵触することなく円滑に実施されるよう相互に協力するための声明を発表し、その中で日本の金融機関が実施すべき手続きを示している。

基礎用語

デリバティブ

デリバティブは、金融派生商品とも呼ばれ、株式、債券、金利、為替、コモディティなどの原資産における、将来にわたる価格変動をヘッジするために行う契約の総称を指す。

デリバティブは、株式や債券、不動産担保証券、コモディティなどを取り扱う当業者が、実物の将来にわたる価格変動をヘッジするために行う契約の一種である。原資産の一定の割合を証拠金として供託することで、一定幅の価格変動リスクを、他の当業者や当業者以外の市場参加者に譲渡する保険契約である。

今日では、企業のクレジットリスクを対象とするクレジットデリバティブや天候を対象とする天候デリバティブ、不動産を対象とする不動産デリバティブなど多様な取引が行われている。

デリバティブは、少ない資金で効果的にリスクヘッジやアービトラージ（裁定取引）、スペキュレーション（投機取引）を行うことができる。一方で、デリバティブはレバレッジ効果を有するため、たびたび問題となっている。2019年9月には、三菱商事の海外子会社で原油先物デリバティブの不正取引により、345億円の損失が発生している。

デリバティブ取引は、失敗した時のリスクが非常に大きいため、高度なリスク管理や厳格な内部統制などが重要であり、会計上の処理は時価会計が基本である。

デリバティブには、取引所などの公開市場を介して取引が行われる市場デリバティブと、市場を介さない相対取引である店頭デリバティブがある。日本取引所グループ（JPX）は、2021年にもデリバティブの祝日取引を実施して取引日

基礎用語

数を増やし、海外マネーの取込みを検討している。

取引形態としては①先物取引（金利などを原資産とする取引）、②スワップ取引（金利などを交換する取引）、③オプション取引（取引を行う権利を売買する取引）がある。

①先物取引とは、将来の定められた期日（清算日）に、特定の標準化商品（石油など）または経済指標（日経平均株価など）を、定められた数量、定められた価格で、「売り」「買い」を保証する取引の一種である。先物取引（futures）は、先渡し契約（forward）と異なり、取引の対象とする原資産の価額（単価×数量）の一定割合を担保として支払うことで、一定範囲の価格変動リスクをヘッジしながら結ぶ契約である。長期国債先物、TOPIX先物、日経225先物、通貨先物取引などがある。

②スワップ取引とは、あらかじめ決められた条件に基づいて、将来の一定期間にわた

り、キャッシュフローを交換する取引である。例えば金利スワップとは、同一通貨のキャッシュフローを交換する取引で、固定金利と変動金利を交換する取引が代表的なものである。変動金利同士を交換するスワップ取引（ベーシス・スワップ）、通貨スワップ、**クレジット・デフォルト・スワップ（CDS）**がある。

③オプション取引とは、ある原資産について、あらかじめ決められた将来の一定の日または期間において、一定のレートまたは価格（行使レート、行使価格）で取引する権利を売買する取引である。原資産を買う権利についてのオプションをコール、売る権利についてのオプションをプットと呼ぶ。オプションの買い手が売り手に支払うオプションの取得対価はプレミアムと呼ばれる。代表的なのは、通貨オプション、キャップ、フロア、カラー、スワプション、デジタルオプションなど。

CDS

CDS（クレジット・デフォルト・スワップ）は、参照組織の信用リスクを対象とするデリバティブ。信用リスクを移転できるため、信用ポートフォリオのヘッジなどに用いられる。

CDS取引とは、プロテクション（保証に類する）の買い手が売り手にプレミアム（保証料）を払うことで、参照組織のクレジットイベント時に、想定元本相当の支払いを得る取引を言う。参照組織には、一般事業会社に加え、ソブリン、国際機関、証券化商品などの金融商品も対象となる。一般的なCDS契約書は、ISDA（国際スワップ・デリバティブ協会）の契約雛型に基づき作成され、クレジットイベントには破産、支払い不履行、リストラクチャリングなどがある。プロテクションの支払い額の決定には、入札によって評価額を決定した上で現金を支払う「オークション決済」方式を用いるのが主流である。

CDSの第一の用途はローン、債券などのクレジット・ポートフォリオの信用リスクヘッジである。店頭市場で取引が行われ、その価格水準が信用力のリアルタイムな指標と見なされる面もある。国際決済銀行によれば、CDSの取引規模は、グロスの想定元本残高ベースで2007年12月末に約61兆米ドルであったものが、2019年12月末には約8兆ドルまで減少している。

金融危機以降、**デリバティブ**のカウンターパーティリスクが問題となり、一部のCDS取引は清算集中が義務付けられている。本邦でも、日本証券クリアリング機構において、取引規模の大きいインデックスCDS、主要銘柄のシングルネームCDSを対象として中央清算が行われている。

ALM

Asset Liability Managementの略。資産及び負債の価値に影響を与えるようなリスクを適切に把握し、資産・負債の構成を操作することにより、リスクをコントロールすることを言う。

ALMが、1980年代以降に普及し始めたのは主に以下のような要因による。

第一に金利、業務の自由化により金融機関が取り扱うことのできる資産・負債の内容が多様化、かつ市場の動向により価格変動が激しくなったこと。

第二に資産内容の多様化、市場動向の影響による感応度の上昇により、市場動向が金融機関の収益に及ぼす影響が増大したこと。

第三に、スワップ、先物などの**デリバティブ**取引が急速に発展し、こうした取引により大きな収益機会を得る一方、思わぬ損失を被るリスクも高まり、管理の必要性が高まったことによる。

ALMの目的は、金融機関の資産側の貸し出しや有価証券と、調達側の預金の金利リスクや流動性リスクのギャップのヘッジ、有価証券の運用方針の決定であるとされていた。

このための具体的な手法としては、一定期間に金利が更改される資産と負債の差額分析（ギャップ分析）、金利更改期までの期間を区分し、それぞれの期間における資産・負債の残高及び差額の分布分析（ラダー分析）などがあった。

現在のALM手法は、過去の価格変動から予想される損失額をリスクとして算出するバリューアットリスク法、ロスカット・ルールの設定、デリバティブ取引の信用リスク管理手法であるカレント・エクスポージャー方式がある。

プライムレート

信用力の高い取引先に適用される最優遇金利。短期プライムレートは1989年に制度変更が実施され、リテール分野で用いられている。このほかに、長期プライムレートがある。

1989年以前の短期プライムレート（以下、短プラ）は、公定歩合に連動して決定されていた。預金金利の自由化が進む中で、短プラは銀行の資金調達コストを適切に反映しなくなった。そこで、1989年1月23日以降、各銀行が自主的に短プラの公表を開始した。新たに公表が開始された短プラは、各銀行の総合的な資金調達コストを反映した水準とされている。

現在、企業向けの短期融資（期間1年以内）では、大企業向けはTIBOR等を基準としたスプレッド貸し出し、中小企業向けは短プラを基準とした貸し出しが多い模様である。個人向けの住宅ローンの変動金利に関しては、短プラに1％を加えた水準を基準金利とする場合が多いようである。

過去、長期プライムレート（以下、長プラ）は、長期信用銀行が発行していた5年物金融債の利回りに0.5％を加えた水準とされ、信用力の高い取引先向けの長期貸し出し（期間1年以上）に用いられていた。長信銀の消滅後は、日本興業銀行を継承したみずほ銀行が独自に長プラを公表している。一部金融機関は、長プラ連動型金利の不動産投資ローンを取り扱っている。

主要行が公表した短プラと長プラは、**日本銀行**のホームページに掲載されている。短プラの最頻値は2009年1月以降、1.475％で変更されていない。一方、長プラは頻繁に変更されており、2020年8月12日以降は1.00％である。

基礎用語

PFI

「Private Finance Initiative」の略。公共施設等の建設・維持管理・運営等に、民間部門の持つ経営ノウハウや資金を活用することで、低廉かつ良質な公共サービスを提供する手法。

PFIは「小さな政府」を目指すサッチャー政権以降の英国で1992年に導入されたのが始まり。公民連携で公共サービスの提供を行うスキームをPPP（公民連携）と呼び、PFIはPPPの代表的な手法の1つ。PFIを活用する意義は、厳しい財政事情の下、多種多様な住民ニーズに応えるべく効率的、効果的な公共サービスを実現することにある。

PFIの最も重要な概念にVFM（バリュー・フォー・マネー）がある。VFMは、一定の支払いに対し、最も価値の高いサービスを提供するという考え方。VFMを徹底し、公共部門から民間部門へリスクが移転され、公共事業に競争原理が導入され、事業コストの削減やより質の高い公共サービスの提供が期待できる。

日本では2011年の改正PFI法で対象が公的な賃貸住宅、船舶・航空機、人工衛星など幅広い分野に拡大。その中でも重視されたのが、国や自治体に所有権を残したまま運営権を民間事業者に売却する「コンセッション方式」である。政府は2013～2022年度の10年間で21兆円のPFI／PPP事業を目標としており、うち7兆円はコンセッション方式による事業を目指す。

2020年度は新型コロナウイルス対応で国・地方公共団体の歳出が急増する一方、不要不急の事業や施策を中止、延期する向きもある。一時的な財政の制約で必要な事業・施策が滞らないようにPFIの活用が求められている。

VIII
特別資料

業態別金融機関計数

全国銀行主要計数

全国信用金庫主要計数

地域銀行の持ち株会社

金融界10大ニュース

業態別金融機関計数

機関数

	1980年	90年	2000年	10年	16年	17年	18年	19年	20年
都　　　銀	13	13	9	6	5	5	5	5	5
長　信　銀	3	3	3	–	–	–	–	–	–
信　託　銀	7	7	7	6	4	5	5	5	5
その他銀行	–	–	–	13	14	13	13	14	14
地　　　銀	63	64	64	64	64	64	64	64	64
第二地銀	71	68	60	42	41	41	41	40	38
信　　金	462	454	386	272	265	264	261	259	255
信　　組	483	414	291	159	153	151	148	146	145
小　　計	1.102	1.023	820	562	546	543	537	532	526
労　　金	47	47	41	13	13	13	13	13	13
農　　協	4,546	3,737	1,542	724	659	653	652	628	603
ゆうちょ銀	1	1	1	1	1	1	1	1	1
合　　計	5,690	4,808	2,404	1,300	1,219	1,210	1,203	1,174	1,143

店舗数 （単位＝店）

	1980年	90年	2000年	10年	16年	17年	18年	19年	20年
都　　　銀	2,780	3,653	3,042	2,475	2,851	2,819	2,835	2,752	2,718
長　信　銀	63	93	88	–	–	–	–	–	–
信　託　銀	319	419	424	281	278	305	308	305	308
その他銀行	–	–	–	376	241	252	247	364	369
地　　　銀	5,498	7,456	7,924	7,521	7,505	7,507	7,496	7,605	7,779
第二地銀	3,734	4,626	4,569	3,089	3,056	3,054	3,055	2,962	2,812
信　　金	5,379	7,936	8,638	7,619	7,379	7,361	7,347	7,294	7,237
信　　組	2,505	2,945	2,573	1,765	1,695	1,691	1,660	1,633	1,614
小　　計	20,278	27,128	27,258	23,126	23,005	22,989	22,948	23,023	22,837
労　　金	483	646	693	665	624	618	627	620	614
農　　協	16,893	16,314	14,100	8,707	7,963	7,805	7,682	7,547	7,220
ゆうちょ銀	22,850	23,503	24,768	24,185	24,113	24,060	24,019	23,944	23,881
合　　計	60,504	67,591	66,819	56,683	55,705	55,472	55,276	55,134	54,552

行職員数 （単位＝人）

	1980年	90年	2000年	10年	16年	17年	18年	19年	20年
都　　　銀	181,007	152,237	119,076	96,395	102,769	106,096	106,033	104,480	100,850
長　信　銀	9,408	10,814	8,284	–	–	–	–	–	–
信　託　銀	33,762	31,193	30,113	23,858	24,107	26,393	26,524	25,968	25,951
その他銀行	–	–	–	7,278	9,137	9,199	10,228	10,385	10,807
地　　　銀	158,962	158,243	152,370	125,069	124,110	124,416	123,691	129,412	128,638
第二地銀	89,992	86,845	75,308	47,884	44,746	44,706	44,333	41,647	37,534
信　　金	144,023	151,932	144,807	115,638	110,428	109,587	106,302	106,541	104,073
信　　組	43,189	44,288	33,074	21,811	20,689	21,147	19,899	19,416	19,039
合　　計	660,343	635,552	563,032	437,933	435,986	441,544	437,010	437,849	426,892

①各年3月末　②信託銀、その他銀行の対象は次ページの注釈の通り
③店舗数には仮想店舗、海外店舗を含み、移動出張所、外貨両替専門店、海外駐在員事務所、店外 ATM・CD、代理店は含まない
④ゆうちょ銀の店舗数は貯金取扱店　⑤農協の店舗数は内国為替取扱店舗数　⑥信金、信組の職員数には常勤役員を含む

資　金　量

(単位＝億円、％)

	1980年	90年	2000年	10年	16年	17年	18年	19年	20年
都　銀	1,043,141	3,519,095	2,483,633	2,814,023	3,841,347	4,051,554	4,206,487	4,447,997	4,640,900
	28.9	33.6	22.1	25.7	28.1	29.7	30.0	30.9	31.5
長信銀	234,243	661,606	392,061	–	–	–	–	–	–
	6.5	6.3	3.5						
信託銀	321,962	1,296,508	1,399,201	1,182,384	1,535,225	1,571,052	1,597,402	1,625,291	1,620,082
	8.9	12.4	12.4	10.8	11.2	11.5	11.4	11.3	11.0
その他銀行	–	–	–	202,290	268,206	262,612	287,985	308,511	345,110
				1.8	2.0	1.9	2.1	2.1	2.3
地　銀	574,153	1,570,825	1,751,270	2,075,477	2,489,647	2,549,847	2,625,827	2,687,066	2,783,365
	15.9	15.0	15.6	19.0	18.2	18.7	18.8	18.7	18.9
第二地銀	253,201	549,327	598,696	567,701	642,267	657,857	668,286	655,115	624,209
	7.0	5.3	5.3	5.2	4.7	4.8	4.8	4.5	4.2
信　金	314,083	750,350	1,020,320	1,173,805	1,650,449	1,378,999	1,409,643	1,434,794	1,452,677
	8.7	7.2	9.1	10.7	12.1	10.1	10.1	10.0	9.8
信　組	80,100	198,617	191,966	167,335	253,817	199,312	203,324	207,219	211,722
	2.2	1.9	1.7	1.5	1.9	1.5	1.5	1.4	1.4
労　金	26,155	65,660	111,791	160,429	243,270	185,214	189,625	195,936	201,713
	0.7	0.6	1.0	1.5	1.8	1.4	1.4	1.4	1.4
農　協	244,253	510,722	702,556	844,774	959,125	984,198	1,013,018	1,032,245	1,041,244
	6.8	4.9	6.2	7.7	7.0	7.2	7.2	7.2	7.1
ゆうちょ銀	513,819	1,345,723	2,602,932	1,757,977	1,778,719	1,794,346	1,798,827	1,809,991	1,830,047
	14.3	12.9	23.1	16.1	13.0	13.2	12.8	12.6	12.4
合　計	3,605,110	10,468,878	11,254,426	10,946,195	13,662,072	13,634,991	14,000,424	14,403,657	14,751,069

融　資　量

(単位＝億円、％)

	1980年	90年	2000年	10年	16年	17年	18年	19年	20年
都　銀	771,718	2,534,649	2,422,242	2,084,722	2,523,771	2,548,488	2,510,829	2,679,333	2,775,777
	35.1	41.5	39.0	36.8	37.7	37.4	36.1	37.4	37.6
長信銀	168,869	522,021	340,477	–	–	–	–	–	–
	7.7	8.6	5.5						
信託銀	209,049	625,768	464,984	379,020	467,585	496,070	504,257	421,160	422,331
	9.5	10.2	7.5	6.7	7.0	7.3	7.2	5.9	5.7
その他銀行	–	–	–	100,579	149,666	165,615	193,782	210,784	231,948
				1.8	2.2	2.4	2.8	2.9	3.1
地　銀	414,552	1,131,744	1,345,082	1,549,673	1,857,985	1,931,075	2,010,128	2,098,503	2,208,045
	18.9	18.5	21.7	27.4	27.7	28.3	28.9	29.3	29.9
第二地銀	200,214	446,845	505,738	434,891	492,107	507,987	523,824	521,614	493,350
	9.1	7.3	8.1	7.7	7.3	7.5	7.5	7.3	6.7
信　金	245,642	538,005	687,159	641,573	739,378	690,130	709,346	719,560	726,667
	11.2	8.8	11.1	11.3	11.0	10.1	10.2	10.0	9.8
信　組	64,335	151,618	142,433	94,023	112,214	106,305	110,608	114,904	118,548
	2.9	2.5	2.3	1.7	1.7	1.6	1.6	1.6	1.6
労　金	17,777	31,415	73,830	112,183	123,845	122,243	127,446	135,563	142,011
	0.8	0.5	1.2	2.0	1.8	1.8	1.8	1.9	1.9
農　協	103,314	123,542	215,586	227,148	206,654	203,866	205,040	207,386	211,752
	4.7	2.0	3.5	4.0	3.1	3.0	2.9	2.9	2.9
ゆうちょ銀	2,047	6,164	9,793	40,225	25,420	40,641	61,455	61,455	49,617
	0.1	0.1	0.2	0.7	0.4	0.6	0.9	0.9	0.7
合　計	2,197,517	6,111,771	6,207,324	5,664,037	6,698,625	6,812,420	6,956,715	7,170,262	7,380,046

上段は資金量、融資量。下段は業態合計に占める割合。資金量には債券、信託勘定、オフショア勘定を含み、譲渡性預金は含まない
2020年の信託銀は主要行（三菱ＵＦＪ信託銀、みずほ信託銀、三井住友信託銀、野村信託銀、SMBC信託銀）
2020年のその他銀行は、新生銀、あおぞら銀、ジャパンネット銀、セブン銀、ソニー銀、楽天銀、住信SBIネット銀、auじぶん銀、イオン銀、大和ネクスト銀、オリックス銀、SBJ銀、ローソン銀、GMOあおぞらネット銀

特別資料

全国銀行主要計数（2020年3月末）

銀　行　名	資金量 （億円）	融資量 （億円）	自己資本比率 （％）	総資金利ざや （％）	銀　行　名	資金量 （億円）	融資量 （億円）	自己資本比率 （％）	総資金利ざや （％）
み　ず　ほ	1,263,370	808,712	＊ 11.39	▲ 0.12	足　　　利	58,134	47,173	9.15	0.23
三　菱 U F J	1,582,485	882,582	＊ 10.70	▲ 0.01	常　　　陽	89,731	67,599	11.72	0.38
三　井　住　友	1,199,733	801,873	＊ 13.70	0.47	筑　　　波	22,516	16,856	8.51	▲ 0.03
り　そ　な	426,940	200,004	10.42	0.15	武　蔵　野	42,149	35,845	8.13	0.08
埼玉りそな	141,756	75,772	14.13	0.16	千　　　葉	127,889	106,165	＊ 12.12	0.34
三菱UFJ信託	485,540	44,409	＊ 19.46	0.60	千　葉　興　業	25,592	21,592	8.17	0.07
みずほ信託	303,506	40,019	＊ 23.64	0.39	き　ら　ぼ　し	46,495	37,698	8.35	0.08
三井住友信託	769,957	314,966	＊ 11.08	0.22	横　　　浜	146,340	115,532	＊ 13.72	0.33
野　村　信　託	30,932	8,252	15.76	0.51	第　　　四	48,360	33,999	9.23	0.10
ジャパンネット	9,203	974	21.18	1.60	北　　　越	25,560	17,095	8.69	0.04
セ　ブ　ン	6,866	235	55.64	2.23	山　梨　中　央	29,773	18,082	12.70	0.22
ソ　ニ　ー	24,818	19,791	8.85	0.19	八　十　二	69,891	54,439	＊ 18.94	0.13
楽　　　天	35,756	11,154	10.32	0.93	北　　　陸	66,492	49,103	8.59	0.22
住信SBIネット	53,922	40,439	7.95	0.64	富　　　山	4,545	3,326	8.43	0.02
a u じ ぶ ん	14,541	11,861	9.36	1.93	北　　　国	36,415	26,179	＊ 10.30	0.12
イ　オ　ン	37,790	21,602	10.27	0.38	福　　　井	24,098	17,310	8.21	0.12
大和ネクスト	39,623	14,734	48.15	0.29	静　　　岡	100,551	89,695	＊ 15.59	0.27
ロ　ー　ソ　ン	177	0	6.00	▲ 0.31	ス　ル　ガ	32,108	24,961	10.28	1.14
オ　リ　ッ　ク　ス	21,317	21,512	10.33	1.94	清　　　水	13,869	11,567	8.42	0.04
GMOあおぞらネット	867	351	110.77	▲ 0.11	大　垣　共　立	51,469	42,031	7.76	0.08
新　　　生	59,950	50,408	13.36	0.63	十　　　六	56,257	43,767	8.71	0.18
あ　お　ぞ　ら	33,234	29,375	10.26	0.10	三　　　重	16,957	14,135	7.66	▲ 0.10
S　　B　　J	7,354	7,183	10.68	1.62	百　　　五	49,508	36,310	10.07	0.22
北　海　道	49,230	37,627	8.76	0.31	滋　　　賀	48,911	38,788	＊ 14.12	0.14
青　　　森	24,758	18,053	9.05	0.16	京　　　都	71,234	58,284	11.02	0.19
み　ち　の　く	19,847	16,799	7.41	▲ 0.05	関　西　みらい	70,290	64,270	7.81	0.05
秋　　　田	26,236	16,164	11.41	0.13	池　田　泉　州	50,076	39,835	8.48	0.16
北　　　都	12,310	8,521	10.40	0.08	南　　　都	50,421	34,771	9.06	0.05
荘　　　内	11,633	8,592	9.35	0.15	紀　　　陽	39,876	30,843	9.49	0.37
山　　　形	22,690	17,218	10.59	0.10	但　　　馬	10,337	8,576	7.92	0.17
岩　　　手	29,687	18,203	11.75	0.14	鳥　　　取	9,346	7,786	8.14	0.01
東　　　北	8,163	5,902	8.43	0.11	山　陰　合　同	39,278	33,530	12.52	0.38
七　十　七	75,864	48,946	10.14	0.17	中　　　国	67,116	49,097	＊ 13.04	0.04
東　　　邦	53,236	38,628	8.71	0.04	広　　　島	75,415	64,797	10.59	0.32
群　　　馬	70,501	56,023	＊ 11.95	0.22	山　　　口	49,856	42,347	＊ 15.24	0.42

銀　行　名	資金量 （億円）	融資量 （億円）	自己資本比率 （％）	総資金利ざや （％）
阿　　　　波	27,746	19,605	10.25	0.26
百　　十　　四	40,717	28,553	8.79	0.14
伊　　　　予	52,656	47,566	＊ 14.85	0.19
四　　　　国	26,409	17,843	8.63	0.11
福　　　　岡	109,277	108,169	9.37	0.45
筑　　　　邦	6,956	5,065	7.20	0.06
佐　　　　賀	23,779	17,741	8.03	0.09
十　　　　八	26,004	20,535	10.83	0.13
親　　　　和	22,479	17,978	9.53	0.20
肥　　　　後	45,800	36,964	10.31	0.24
大　　　　分	29,190	18,391	10.01	0.28
宮　　　　崎	24,571	20,766	8.31	0.50
鹿　　児　　島	39,878	35,581	10.25	0.25
琉　　　　球	22,182	17,456	8.46	0.18
沖　　　　縄	20,834	16,521	9.91	0.32
西日本シティ	82,916	73,412	9.57	0.32
北　　九　　州	10,932	11,807	11.02	0.25
北　　　　洋	88,647	67,189	12.30	0.07
きらやか	12,120	10,159	8.01	0.07
北　　日　　本	13,139	9,067	8.87	0.17
仙　　　　台	9,195	7,514	8.34	0.08
福　　　　島	7,181	5,324	7.89	▲ 0.07
大　　　　東	6,819	5,383	9.24	▲ 0.01
東　　　　和	19,818	14,590	9.84	0.24
栃　　　　木	27,122	19,487	11.15	0.07
京　　　　葉	46,682	36,942	10.85	0.22
東　　日　　本	16,666	15,785	7.87	0.05
東京スター	18,643	16,372	10.07	▲ 0.06
神　　奈　　川	4,345	3,572	8.32	0.18
大　　　　光	13,225	10,601	8.83	0.18
長　　　　野	10,747	6,205	10.00	0.26
富　山　第　一	11,845	8,227	11.48	0.38
福　　　　邦	4,177	3,061	7.61	0.04
静　岡　中　央	6,303	5,177	10.67	0.39
愛　　　　知	28,121	20,704	10.10	0.06

銀　行　名	資金量 （億円）	融資量 （億円）	自己資本比率 （％）	総資金利ざや （％）
名　　古　　屋	35,168	28,219	＊ 12.23	▲ 0.02
中　　　　京	17,754	13,633	8.09	0.07
第　　　　三	17,878	13,029	7.93	▲ 0.01
み　な　と	33,770	27,132	7.67	▲ 0.03
島　　　　根	3,893	2,878	7.35	▲ 0.15
ト　マ　ト	11,342	9,547	8.09	0.15
も　み　じ	29,473	23,169	10.31	0.26
西　　　　京	15,229	12,581	7.87	0.51
徳　島　大　正	19,672	16,301	7.81	0.37
香　　　　川	15,666	12,863	9.21	0.32
愛　　　　媛	20,966	17,067	7.78	0.39
高　　　　知	9,206	7,146	9.25	0.16
福　岡　中　央	4,599	3,874	8.24	0.29
佐　賀　共　栄	2,293	1,836	8.42	0.41
長　　　　崎	2,180	2,500	8.21	0.32
熊　　　　本	14,381	16,161	9.26	0.41
豊　　　　和	5,129	4,011	8.46	0.20
宮　崎　太　陽	6,538	5,016	9.72	0.17
南　　日　　本	7,346	5,694	8.21	0.33
沖　縄　海　邦	6,914	5,315	8.03	0.06

注：①資金量は譲渡性預金を含まない
　　②大手行の資金量には債券を含むところがある
　　③信託銀行の資金量には信託勘定を含む
　　④信託銀行以外の銀行でも信託勘定を含む場合が
　　　ある
　　⑤自己資本比率に＊印がついている場合は国際
　　　基準（普通株式等 Tier1 比率）で連結ベース。
　　　無印は国内基準で単体ベース
　　⑥総資金利ざやは原則、全店ベース。信託銀行、
　　　インターネット専業銀行、新設銀行の一部は資
　　　金運用利回りと資金調達利回りの差から算出。
　　　▲印はマイナス

特別資料

全国信用金庫主要計数（2020年3月期）

信用金庫名	資金量 （億円）	融資量 （億円）	自己資本比率 （％）	総資金利ざや （％）	信用金庫名	資金量 （億円）	融資量 （億円）	自己資本比率 （％）	総資金利ざや （％）
北 海 道	10,420	5,738	16.96	0.02	宮 城 第 一	1,288	691	8.72	0.02
室 蘭	3,457	1,472	21.54	0.03	石 巻	2,144	720	28.33	0.12
空 知	2,992	1,327	17.15	0.17	仙 南	2,048	945	10.04	0.29
苫 小 牧	4,478	2,239	23.74	0.23	気 仙 沼	1,418	465	30.91	▲ 0.05
北 門	2,642	1,125	13.91	0.06	会 津	1,956	876	17.38	0.16
伊 達	1,601	570	12.05	0.13	郡 山	2,081	950	13.92	▲ 0.03
北 空 知	1,227	684	9.47	0.23	白 河	2,262	945	20.41	0.01
日 高	1,280	725	16.78	0.17	須 賀 川	2,139	1,006	10.45	0.01
渡 島	1,807	1,165	10.16	0.47	ひ ま わ り	2,444	942	10.39	0.02
道南うみ街	2,726	1,208	14.19	0.03	あ ぶ く ま	2,804	908	32.26	0.15
旭 川	8,628	3,127	19.06	0.21	二 本 松	1,281	502	12.43	0.05
稚 内	4,372	823	47.00	▲ 0.10	福 島	3,962	1,791	11.82	0.15
留 萌	2,094	1,005	13.68	0.30	高 崎	4,868	2,275	10.29	0.08
北 星	2,641	1,064	15.58	0.20	桐 生	5,065	3,176	9.47	0.02
帯 広	7,353	3,221	17.18	0.12	ア イ オ ー	2,988	1,825	8.91	0.12
釧 路	2,253	930	12.19	0.11	利 根 郡	1,744	910	10.69	0.23
大地みらい	3,460	1,290	25.39	▲ 0.18	館 林	1,269	697	10.62	0.06
北 見	4,917	1,779	22.01	▲ 0.01	北 群 馬	1,508	961	10.55	0.20
網 走	2,772	976	30.58	0.25	し の の め	9,758	4,497	7.20	0.11
遠 軽	3,235	1,632	18.45	0.14	足 利 小 山	3,017	1,382	9.69	0.08
東 奥	1,681	848	15.18	0.24	栃 木	2,660	1,085	5.28	0.01
青 い 森	6,007	2,291	10.68	0.07	鹿 沼 相 互	2,086	961	7.46	0.04
秋 田	1,265	683	12.46	0.20	佐 野	1,103	495	9.96	0.14
羽 後	1,340	689	15.02	0.23	大 田 原	1,184	724	11.64	0.24
山 形	1,240	765	9.99	0.25	烏 山	1,823	680	10.43	0.12
米 沢	1,361	590	16.18	0.17	水 戸	11,123	4,440	8.22	0.23
鶴 岡	1,979	822	25.99	0.07	結 城	3,704	1,372	12.60	0.21
新 庄	709	403	11.68	0.43	埼 玉 縣	28,070	17,300	8.11	0.11
盛 岡	2,406	1,176	8.66	0.19	川 口	8,507	4,433	10.50	0.05
宮 古	661	273	40.90	▲ 0.01	青 木	7,573	3,920	7.00	▲ 0.03
一 関	2,172	938	10.80	0.09	飯 能	12,785	5,326	13.07	0.29
北 上	921	461	14.81	▲ 0.03	千 葉	10,772	5,668	7.89	0.14
花 巻	883	382	16.98	0.04	銚 子	5,009	1,416	10.90	0.01
水 沢	1,253	481	13.19	0.14	東 京 ベ イ	5,361	3,299	8.69	0.19
杜 の 都	5,380	3,169	9.09	0.18	館 山	1,567	725	14.68	0.17

信用金庫名	資金量 (億円)	融資量 (億円)	自己資本比率 (%)	総資金利ざや (%)	信用金庫名	資金量 (億円)	融資量 (億円)	自己資本比率 (%)	総資金利ざや (%)
佐　　　　原	2,099	828	11.11	0.06	新　発　田	795	357	16.61	0.08
横　　　　浜	18,384	10,330	9.72	0.02	柏　　　崎	931	443	12.67	0.10
か　な　が　わ	11,905	5,490	7.42	0.06	上　　　越	2,108	706	13.11	0.04
湘　　　　南	11,699	6,859	5.25	0.14	新　　　井	1,060	409	12.93	0.15
川　　　　崎	20,056	11,988	12.13	0.01	村　　　上	788	367	24.17	0.03
平　　　　塚	5,111	2,113	10.79	0.05	加　　　茂	770	351	12.97	0.00
さ　が　み	7,466	3,258	9.42	0.07	甲　　　府	4,374	1,832	15.66	0.15
中　　　　栄	4,167	1,691	16.31	0.22	山　　　梨	4,299	1,704	9.79	0.10
中　　　　南	3,077	835	12.89	0.16	長　　　野	8,031	3,296	24.70	0.18
朝　　　　日	17,789	11,388	8.65	0.26	松　　　本	4,071	1,914	14.75	0.11
興　　　　産	3,434	1,973	8.72	0.08	上　　　田	2,549	1,268	15.40	0.08
さ　わ　や　か	14,676	8,222	8.09	0.08	諏　　　訪	3,807	1,701	22.21	0.19
東京シティ	7,138	4,458	8.19	0.23	飯　　　田	5,494	2,519	17.17	0.31
芝	11,258	5,208	10.39	0.10	アルプス中央	3,197	1,274	10.47	0.07
東　京　東	18,578	10,138	10.30	0.08	富　　　山	4,067	1,806	16.39	0.10
東　　　　栄	1,302	636	11.14	0.19	高　　　岡	3,735	1,720	11.94	0.07
亀　　　　有	5,596	2,553	15.47	0.11	新　　　湊	828	232	16.34	0.25
小　松　川	1,421	810	9.39	0.22	に　い　か　わ	1,649	668	9.19	0.02
足　立　成　和	5,101	2,539	9.01	0.13	氷　見　伏　木	865	236	16.46	0.08
東　京　三　協	1,531	1,036	8.48	0.08	砺　　　波	842	395	13.26	0.06
西　　　　京	6,370	3,528	10.10	0.21	石　　　動	530	229	17.74	0.14
西　　　　武	20,109	14,981	11.00	0.55	金　　　沢	4,843	2,158	9.16	0.09
城　　　　南	36,934	22,115	9.52	0.03	の　と　共　栄	3,101	1,765	12.81	0.06
昭　　　　和	4,163	1,856	10.11	0.07	北　　　陸	1,688	1,073	7.09	0.04
目　　　　黒	1,725	932	10.46	0.06	鶴　　　来	1,176	605	8.24	0.03
世　田　谷	2,201	1,269	7.46	0.00	興　　　能	2,359	1,170	16.30	▲ 0.05
東　　　　京	10,164	6,908	8.43	0.39	福　　　井	7,819	3,794	16.72	0.06
城　　　　北	24,839	12,090	7.88	0.20	敦　　　賀	1,330	479	11.60	0.07
瀧　野　川	6,593	3,334	9.57	0.21	小　　　浜	990	403	23.07	0.10
巣　　　　鴨	18,337	8,961	10.16	0.07	越　　　前	1,655	427	18.47	0.25
青　　　　梅	7,792	4,632	9.67	0.47	しずおか焼津	15,730	7,185	13.93	0.00
多　　　　摩	28,028	10,904	8.13	0.25	静　　　清	7,839	3,563	15.25	0.07
新　　　　潟	2,941	1,425	14.75	0.10	浜松いわた	24,694	12,290	13.78	0.04
長　　　　岡	2,074	872	14.32	0.08	沼　　　津	5,280	2,218	14.79	0.15
三　　　　条	4,123	1,993	14.73	0.41	三　　　島	8,848	4,540	20.35	0.08

信用金庫名	資金量 (億円)	融資量 (億円)	自己資本比率 (％)	総資金利ざや (％)	信用金庫名	資金量 (億円)	融資量 (億円)	自己資本比率 (％)	総資金利ざや (％)
富士宮	3,465	1,387	22.34	0.07	大　　阪	26,869	14,443	9.37	0.40
島田掛川	9,257	3,283	19.93	0.21	大阪厚生	13,699	6,052	10.34	0.96
富　　士	3,597	1,620	13.56	▲ 0.01	大阪シティ	24,787	12,829	8.59	0.00
遠　　州	4,423	2,237	11.63	0.18	大阪商工	6,380	4,158	8.92	0.44
岐　　阜	23,224	12,940	9.41	0.03	永　　和	6,080	3,050	9.98	0.16
大垣西濃	7,371	3,409	13.20	0.08	北おおさか	13,405	6,873	10.57	0.07
高　　山	2,295	1,177	9.09	0.03	枚　　方	3,970	1,900	11.06	0.15
東　　濃	11,041	5,529	16.41	0.11	奈　　良	3,577	2,064	7.79	0.12
関	2,514	1,134	14.46	0.09	大　　和	6,300	3,236	10.35	0.26
八　　幡	1,136	345	43.86	▲ 0.11	奈良中央	5,011	1,767	14.87	0.24
愛　　知	2,497	976	14.85	0.08	新　　宮	1,072	446	24.24	0.14
豊　　橋	8,792	4,232	14.56	▲ 0.03	き　の　く　に	10,989	3,777	15.78	0.09
岡　　崎	31,487	16,015	12.09	0.10	神　　戸	4,587	2,348	13.27	0.16
い　ち　い	10,386	4,054	10.94	0.16	姫　　路	8,690	5,203	8.50	0.15
瀬　　戸	20,973	10,059	12.44	0.04	播　　州	11,523	7,016	8.90	0.22
半　　田	3,044	1,300	9.95	0.07	兵　　庫	6,761	3,253	9.32	0.03
知　　多	7,849	3,880	10.98	0.03	尼　　崎	26,020	12,690	15.91	0.14
豊　　川	7,961	3,912	10.35	0.07	日　　新	7,432	3,444	10.69	0.35
豊　　田	16,102	7,903	10.89	0.05	淡　　路	5,656	1,738	19.04	▲ 0.03
碧　　海	21,282	10,438	15.37	0.12	但　　馬	4,597	1,794	23.92	▲ 0.01
西　　尾	12,521	6,000	18.07	0.17	西　兵　庫	4,732	2,088	18.99	0.27
蒲　　郡	12,960	5,877	13.89	0.09	中　兵　庫	5,422	1,557	23.37	―
尾　　西	4,626	1,914	9.37	0.17	但　　陽	7,782	2,966	15.95	0.07
中　　日	3,098	1,533	10.00	0.21	鳥　　取	1,760	1,035	7.87	0.27
東　　春	2,837	1,302	10.45	0.10	米　　子	1,808	1,093	8.15	0.33
津	1,023	158	28.06	0.03	倉　　吉	793	408	14.26	0.24
北伊勢上野	4,094	2,051	8.48	0.12	し　ま　ね	1,025	640	11.18	0.29
桑名三重	7,407	3,000	13.07	0.10	日　本　海	1,005	489	11.31	0.03
紀　　北	870	205	32.94	▲ 0.04	島根中央	2,156	1,239	8.89	0.32
滋賀中央	4,599	2,439	9.13	0.20	お　か　や　ま	5,180	2,310	10.17	―
長　　浜	3,256	1,272	17.56	0.55	水　　島	2,338	923	10.55	0.03
湖　　東	2,093	862	11.80	0.01	津　　山	1,413	649	10.41	0.05
京　　都	25,110	16,636	8.46	0.12	玉　　島	3,610	1,649	12.49	0.02
京都中央	47,252	27,328	10.86	0.16	備　　北	1,096	473	16.71	0.14
京都北都	7,566	3,550	9.12	0.02	吉　　備	1,757	638	12.52	0.06

信用金庫名	資金量 (億円)	融資量 (億円)	自己資本比率 (%)	総資金利ざや (%)
備 前 日 生	2,269	1,040	9.79	0.12
広 島	14,803	9,583	12.17	0.11
呉	7,310	4,195	11.91	0.08
し ま な み	3,532	1,435	9.21	0.03
広 島 み ど り	900	342	17.42	0.23
萩 山 口	2,024	877	10.79	▲ 0.01
西 中 国	5,119	2,696	8.15	▲ 0.14
東 山 口	2,048	907	10.56	0.07
徳 島	2,062	931	8.99	0.34
阿 南	949	559	8.98	0.60
高 松	4,253	2,098	10.83	0.14
観 音 寺	3,166	1,420	19.95	0.45
愛 媛	6,308	3,127	20.49	0.24
宇 和 島	1,061	690	9.03	0.28
東 予	1,013	470	13.92	0.17
川 之 江	821	387	20.13	0.22
幡 多	1,493	806	20.67	0.29
高 知	7,659	641	41.40	0.51
福 岡	1,102	756	7.49	0.16
福 岡 ひ び き	6,948	3,527	11.30	0.33
大 牟 田 柳 川	1,857	886	14.83	0.15
筑 後	1,571	959	17.25	0.11
飯 塚	2,510	1,480	16.46	0.42
田 川	655	273	9.25	0.14
大 川	1,354	606	16.44	0.06
遠 賀	2,193	1,274	13.91	0.46
唐 津	858	486	8.16	0.51
佐 賀	1,268	582	11.49	0.13
伊 万 里	825	536	11.94	0.13
九 州 ひ ぜ ん	1,423	798	9.28	0.16
た ち ば な	1,237	770	8.38	0.16
熊 本	1,638	919	10.09	0.20
熊 本 第 一	2,823	1,598	8.63	0.37
熊 本 中 央	1,934	964	8.72	0.34
天 草	1,353	657	17.54	0.56

信用金庫名	資金量 (億円)	融資量 (億円)	自己資本比率 (%)	総資金利ざや (%)
大 分	2,154	919	23.37	▲ 0.03
大 分 み ら い	3,926	1,977	13.58	0.10
日 田	409	233	8.26	0.14
宮 崎 第 一	2,213	1,179	10.36	0.12
延 岡	646	316	11.22	0.13
高 鍋	2,514	1,033	13.43	0.23
鹿 児 島	3,123	2,135	8.21	0.38
鹿 児 島 相 互	5,626	3,734	7.66	0.22
奄 美 大 島	795	502	15.03	0.29
コ ザ	2,210	1,500	7.58	0.43

地域銀行の持ち株会社

■ 地方銀行のみ　　□ 第二地方銀行のみ
▨ 地銀＋第二地銀

凡例：FGはフィナンシャルグループ、HDはホールディングス、FHはフィナンシャルホールディングス。
　　　年月は持ち株会社の設立時期（名称変更は対象外）、傘下銀行はコード順、地図の位置は持ち株
　　　会社の本店所在地

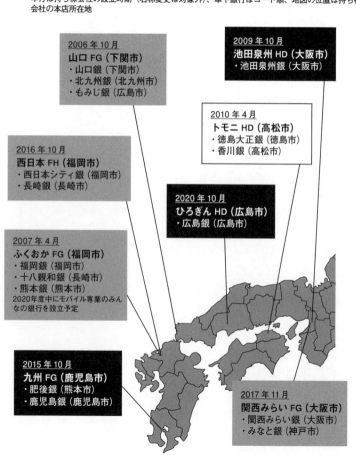

2006年10月
山口FG（下関市）
・山口銀（下関市）
・北九州銀（北九州市）
・もみじ銀（広島市）

2009年10月
池田泉州HD（大阪市）
・池田泉州銀（大阪市）

2010年4月
トモニHD（高松市）
・徳島大正銀（徳島市）
・香川銀（高松市）

2016年10月
西日本FH（福岡市）
・西日本シティ銀（福岡市）
・長崎銀（長崎市）

2020年10月
ひろぎんHD（広島市）
・広島銀（広島市）

2007年4月
ふくおかFG（福岡市）
・福岡銀（福岡市）
・十八親和銀（長崎市）
・熊本銀（熊本市）
2020年度中にモバイル専業のみん
なの銀行を設立予定

2015年10月
九州FG（鹿児島市）
・肥後銀（熊本市）
・鹿児島銀（鹿児島市）

2017年11月
関西みらいFG（大阪市）
・関西みらい銀（大阪市）
・みなと銀（神戸市）

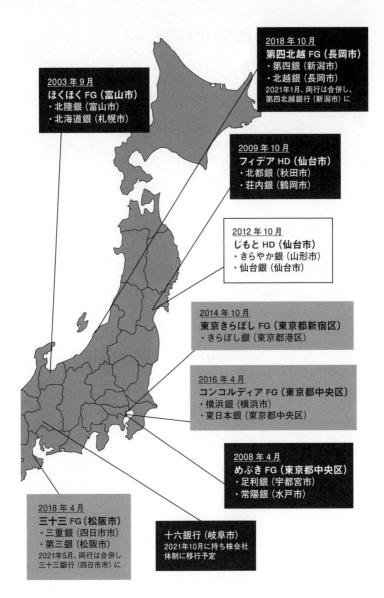

<u>2003 年 9 月</u>
ほくほく FG (富山市)
・北陸銀 (富山市)
・北海道銀 (札幌市)

<u>2018 年 10 月</u>
第四北越 FG (長岡市)
・第四銀 (新潟市)
・北越銀 (長岡市)
2021年1月、両行は合併し、
第四北越銀行 (新潟市) に

<u>2009 年 10 月</u>
フィデア HD (仙台市)
・北都銀 (秋田市)
・荘内銀 (鶴岡市)

<u>2012 年 10 月</u>
じもと HD (仙台市)
・きらやか銀 (山形市)
・仙台銀 (仙台市)

<u>2014 年 10 月</u>
東京きらぼし FG (東京都新宿区)
・きらぼし銀 (東京都港区)

<u>2016 年 4 月</u>
コンコルディア FG (東京都中央区)
・横浜銀 (横浜市)
・東日本銀 (東京都中央区)

<u>2008 年 4 月</u>
めぶき FG (東京都中央区)
・足利銀 (宇都宮市)
・常陽銀 (水戸市)

<u>2018 年 4 月</u>
三十三 FG (松阪市)
・三重銀 (四日市市)
・第三銀 (松阪市)
2021年5月、両行は合併し
三十三銀行 (四日市市) に

十六銀行 (岐阜市)
2021年10月に持ち株会社
体制に移行予定

特別資料

金融界10大ニュース

「金融界10大ニュース」は、金融総合専門紙『ニッキン』(日本金融通信社発行)読者が関心を持ったその年の出来事。金融・経済の流れを変えた分岐点、世界を揺るがした危機などが見て取れる。

2019年

順位	ニュース	得票率(%)
1位	「令和」幕開け	88.1
2位	消費税率10%に	87.9
3位	かんぽ、不適切販売	83.2
4位	台風被害、甚大	76.4
5位	2024年に新紙幣	57.5
6位	麻生金融相、金融審報告書の受け取り拒否	54.0
7位	金融検査マニュアル廃止	50.2
8位	FRB、10年ぶり金利引き下げ	43.2
9位	FATF、対日審査に着手	37.8
10位	SBIグループ、第4のメガバンク構想	32.3

2018年

順位	ニュース	得票率(%)
1位	スルガ銀、組織的不正融資で処分	88.4
2位	仮想通貨580億円流出	68.7
3位	銀行間振り込み、24時間365日実現	60.3
4位	大規模な自然災害　相次ぐ	53.7
5位	平均株価、27年ぶり高値	53.3
6位	働き方改革関連法成立	43.0
7位	LINE、金融業に参入	42.8
8位	つみたてNISAスタート	42.7
9位	佐川国税庁長官が引責辞任	39.1
10位	民法改正、成年年齢18歳に	37.7

2017年

順位	ニュース	得票率(%)
1位	平均株価、史上初16連騰	81.5
2位	商工中金、危機対応融資で不正	80.6
3位	みずほFG、1万9,000人削減	79.5
4位	衆院選、与党圧勝	64.3
5位	東芝、異例の決算発表	64.1
6位	つみたてNISA受け付け開始	51.1
7位	iDeCo、加入対象拡大	47.5
8位	金融庁、検査局を廃止	47.2
9位	金融庁、金融レポートで警鐘	43.8
10位	顧客本位の原則を最終化	41.3

2016年

順位	ニュース	得票率(%)
1位	日銀、マイナス金利を導入	97.2
2位	次期米大統領にトランプ氏	94.1
3位	英、EU離脱決定	84.0
4位	熊本地震が発生	68.4
5位	消費増税、再延期	54.1
6位	金融庁がベンチマーク	52.4
7位	パナマ文書流出	47.4
8位	日銀、金融政策を量から金利へ	43.4
9位	偽造カードで18億円引き出し	39.5
10位	広島東洋カープ、25年ぶりリーグ優勝	37.4

2015年

順位	ニュース	得票率(%)
1位	改正マイナンバー法成立	84.4
2位	郵政3社株公開	83.2
3位	株価2万円突破	79.5
4位	年金機構で個人情報流出	67.7
5位	東芝の不正会計問題	62.4
6位	TPP交渉、大筋合意	60.7
7位	世界にチャイナショック	58.3
8位	相続税制改正	49.0
9位	北陸新幹線が開業	43.8
10位	首相、「1億総活躍」発表	34.0

特別資料

整理・削除項目（2018〜2020年版掲載分）

本書は第32版となりますが、各版の作成にあたり、時宜にかなった200項目を厳選、掲載しています。下記の項目は2020年版、2019年版、2018年版に掲載しましたが、次版で整理・削除したものです。2021年版と併せてご活用下さい。

■2020年版掲載、2021年版整理・削除

クラウド会計
オープンAPI
ソーシャルファイナンス
電子政府
モアタイムシステム
HFT
アクセラレーター
レグテック
インシュアテック
シェアリングエコノミー
短期継続融資
コベナンツ条項付き融資
電子記録債権担保融資
地震保険
トンチン保険
健康増進型保険
就業不能保険
デビットカード
プリペイドカード
キャッシュレス・ポイント還元事業

収益率の順序リスク
官民ファンド
CLO
NDF
店舗の減損処理
同一労働・同一賃金
のれん償却
外国人株主の増加
電子債権記録機関
特殊詐欺
フォワードガイダンス
リバーサルレート
「老後資金2,000万円」問題
節税保険の規制強化
外貨建て保険手数料見直し
改正入管法
経済価値のソルベンシー規制
自然災害債務整理ガイドライン
多重債務問題

ブレグジット
IRRBB
LCR
CRS
GDPR
金融規制改革法
欧州銀行同盟
事業再生ADR制度
6次産業化
ETF
REIT
LBO
なでしこ銘柄
キャッシュアウト
FX取引
CRM
EBM
PBR
OHR
監査法人
農協改革

■2019年版掲載、2020年版整理・削除

PFM
電子決済等代行業者
ブロックチェーン
法定デジタル通貨
ICO
ロー・バリュー送金

クラウドファンディング
ソーシャルレンディング
トランザクション認証
O&Dビジネス
民事信託
職域営業

特殊（スペシャルティ）保険
SRIファンド
メザニンンファンド
バンクローンファンド
トータル・エクスペンス・レシオ

ウェルスマネジメント
CDO
金融EDI
オペレーショナルリスク
プリペイメントリスク
共同店舗
店舗内店舗
軽量型店舗
DOE(株主資本配当率)
集団的エンゲージメント
利用量配当制度
反社情報照会システム
信用リスクデータベース
オムニチャネル
ソーシャルリスニング
日銀トレード
独立社外取締役

無期転換ルール
PPIF
エクエーター原則
実質実効為替相場
ローソン銀行
マイナス金利
期待インフレ率
テーパリング
マネタイゼーション
金融モニタリング
フェア・ディスクロージャー・ルール
大口融資規制
ローカルベンチマーク
RESAS(地域経済分析システム)
相続時精算課税制度

プライマリーバランス
産業革新投資機構
ヘッジファンド規制
ASEAN経済共同体(AEC)
ABMI(アジア債券市場育成イニシアティブ)
ボンドコネクト(債券通)
LTRO(長期リファイナンスオペ)
MIFIDⅡ
現在予想信用損失(CECL)
ベイルイン
ISO20022
アジア開発銀行
雇用保険法
グリーフケア
地域通貨

■2018年版掲載、2019年版整理・削除

アリペイ
ビットコイン
SCCC(サプライチェーン資金循環速度)
空き家解体ローン
カバードボンド
販売金融
結婚・子育て支援信託
暦年贈与信託
教育資金贈与信託
遺言代用信託
跡継ぎ遺贈型受益者連続信託
現物給付保険
テレマティクス保険
ラップ型ファンド
バリュー平均法
バーベル戦略
攻めのIT投資経営銘柄

インフラファンド市場
金融リテラシー
基幹システム共同化
ココ債(偶発転換社債)
リキャップCB
株主コミュニティー制度
ジュニアNISA
つみたてNISA
サイバー犯罪対処協定
キャッシュレス決済
グローバル金融連携センター
指し値オペ
ヘリコプターマネー
BEI
金融所得課税
市中優先償還
グリーンファイナンス推進機構

東京版金融ビッグバン
賃上げETF
アウトライヤー規制
AIIB(アジアインフラ投資銀行)
シャドーバンキング
ブレグジット
プライムMMF
空き家対策特別措置法
TIBOR
プライベートバンキング
口座貸越(ゆうちょの件)
コミュニティーファンド
ゆうちょ銀行
CSV(共有価値の創造)
シムズ理論(物価水準の財政理論)
インバウンド

2021 年版 金融時事用語集

2020年12月10日　第32版第1刷発行

編集人兼発行人／山﨑行雄

発行所　　株式会社　金融ジャーナル社

〒102-0074　東京都千代田区九段南4-4-9
電話 03(3261)8826　　FAX 03(3261)8839
https://www.nikkin.co.jp/journal/

定価:本体1,500円＋税　送料実費

印刷所　　株式会社 北進社

乱丁、落丁本はお取り替えします
ISBN978-4-905782-19-3 C2533　￥1500E